男の介護

認知症介護で
困っている あなたに

中村和仁

新泉社

はじめに

誰にも相談できず、自分だけでがんばる男性介護者の方へ

ひとりでがんばっている多くの介護者が、同じようなことで悩み、怒り、戸惑っています。あなたは自分が未熟だと悩んでいませんか。あなたは決して未熟なのではありません。どうか自分を責めないでください。

本書は、男性介護者が、介護の不安や負担を少しでも軽減し、愛する妻や親と仲良く暮らしていけるきっかけとなれば、と思ってつくりました。

本当は誰かに相談できればいいのでしょうが、そうもいかないのが男の介護というものでしょう。みんな同じような悩みを抱えていることを知り、少しでも励みになればと思い

ます。

厚生労働省の推計によると、なんらかの介護・支援を必要とする認知症高齢者の数は二〇〇二年で約一五〇万人、二〇一五年までにおおよそ二五〇万人になると予測されています。現在の認知症患者は約二〇〇万人とも言われています。

そうした中で、家族介護者の四人に一人が男性という報告があります（厚生労働省）。この数字はますます増加していくとも言われています。

男性にとって介護は、いわば未知の世界です。妻や親を介護するという意識がないまま、ある日、突然、介護する必要に迫られる。もちろん料理、家事という不得意分野もこなさなければならなくなります。

そして、認知症の異常な行動に悩まされます。隣の人がいつものぞいているとか、誰かがお金を盗んだといった妄想、あるいは突然大声を出したり歌ったり、家を出て行ってしまう徘徊など、さまざまな問題行動に多くの介護者が戸惑います。

病気への理解がないまま、こうした行動に直面すると、男性介護者は苛立ちを覚え、怒鳴ったり叩いたりすることもあり、ひどい場合は虐待や無理心中といったことにもつながります。それは認知症の母を介護する私も同様です。母の発言や行動に冷静でいられなくて、いつも怒鳴ったり、物を投げて、自分の気持ちを爆発させることしかできないでいます。

本書は、同じように悩み苦しんで、なんとかがんばっている男性介護者を紹介するものです。彼らはみな、ほかの介護者の役に立てればと、取材を許してくれました。どのような悩みをもち、具体的にどのような対処をしているのか、どのように心の負担を軽減しているのか、実際のところをお聞きしました。

本書が少しでも男性介護者の役に立つことができれば、これ以上の喜びはありません。

中村和仁

男の介護

認知症介護で困っているあなたに

目次

第2章 先輩介護者のアドバイス——129

装幀　仁川範子

序章

わが母、
スガ婆介護日記

父・母と同居してみると……

僕は今、認知症の母（八四歳）とふたり暮らし。母は五年ほど前に認知症と診断された。母の名は須賀子だから、孫たちに「スガ婆」と呼ばれている。

七年前まで、母は父とふたりで兵庫に住んでいた。もともと熊本県天草の出身で、四〇代後半に兵庫に引っ越してきた。その後、脳梗塞で半身不随となった父を母が介護しながら生活していたが、母がボケはじめたので僕は二人を神奈川に呼び、同居するようになった。

若い頃の父はなかなかの二枚目で、喧嘩も強く、村の人気者だった。しかし、戦争で満州に召集され、終戦直後にソ連軍の捕虜となった父は、一九五六年まで抑留されていた。マイナス四〇度にもなろうかという極寒のシベリアで、凍てついた道路の掘削に明け暮れた。体調を崩す仲間のぶんまで働いて、抑留者たちから慕われていた。そんな働き者の父をソ連が日本に帰すはずもなく、とうとう最後の帰還兵となってしまった。

故郷の熊本に帰り着いた父は、多くの人に迎えられても、あまり喜べなかったようだ。同郷の仲間が多く死に、自分だけ生きて帰ってきたことに申し訳ないという気持ちが強くあったからだ。そのため、すぐに福岡や大阪に仕事を求めて出かけるようになった。

母と結婚し、僕が生まれてからも、父は出稼ぎに行き故郷にはあまり帰ってこなかった。やがて、定職を得た父は、母と僕と妹二人を連れて兵庫へと引っ越していく。毎晩のように酒を飲んではソ連の悪口を言う父。ときどき、ロシア語も飛び出した。

それでも父は、やっと平穏な日々を手にしたようだった。

ふだんは寡黙で、どこか寂しげな目をしていた。自分の意見をあまり言わず、人の言うことを素直に聞いた。そんな父に母はよく文句を言い、なんでも父のせいにしては、怒鳴った。

六〇代半ばで脳梗塞で倒れた。極寒の地で一〇年以上も生き抜いた父の体は、そう簡単にはくたばらなかった。だが、父は半身不随となり歩行の際は杖をつき、母が父のズボンのベルトをつかんで支えるように歩いた。

五〇メートルを三〇分ほどかけて歩くのが唯一のリハビリだったが、父はそれが好きではないようで、母から尻を叩かれ、なんとかリハビリに繰り出す毎日だった。

母はそんな父を一〇年以上も介護しながら、二人だけで生活してきた。

同居する数年前から母の様子はおかしかった。銀行で金を盗まれたとか、隣の人がのぞいているといった狂言めいたことを言いはじめた。最初、それを信じた僕は、銀行に電話したり、隣の家に文句を言ったりした。

今にして思えば、母は認知症を発症していたのだ。

妻子が家を去る

わが家で同居するようになると、父は兵庫でしていたように、週二回デイサービス（在宅介護を対象に入浴、食事、リハビリなどのサービスを提供する）に通った。デイサービスでは、囲碁やカラオケなどを楽しみにしていた。頭のほうはしっかりしていたのだ。

デイサービスのない日は、家の近所をリハビリを兼ねて母が介護して一緒に散歩する。僕らと同居しはじめた頃は、母も問題行動はあまりなかったが、二年ほどして母が徘徊しはじめた。父を家に置いて、自分は「実家に帰ってくる」と言って出て行ってしまった。

警察に捜索願いを出して待っていると、

「須賀子さんを保護しました」と、電話がかかってきた。

こんなことが何度かあり、来るべきものが来たと感じた。病院で診てもらうと、認知症だと診断された。それから少しずつ症状が進んでいった。

妻と別れた理由の半分は、僕のせい。残り半分は父と母の介護疲れ、と思う。特に母は夜中に大声を出したり、押入れの物を出したりしまったり、大きな音を立てたりする。僕は会社からの帰りがいつも夜中で、その間、母の動きに妻と子は怯《おび》えていたようだ。二階のドアに鍵をつければよかったと後悔している。

父は四年前に他界した。現在、母・スガ婆との生活はイライラの連続である。母は病人だと理解してはいるものの、いざ二人きりになると、つい声を荒立ててしまう。

「おりゃ、嫌われとっとさな」(私は嫌われてるんだ)

注意をするとスガ婆はすぐにいじける。

「おっどんだけ、なんでこがん所におっと?」(私だけ、なんでこんな所にいるの?)

最近は生まれ故郷の天草弁で話すようになった。スガ婆は天草から追い出されたと思っている。

「帰りたかー、ヒヨシはなして連れにこんと?」

ヒヨシとはスガ婆の弟だ。天草の実家を継いでいる。

「ヒヨシさんは畑仕事で忙しいんだよ」

「オリも行って手伝いたかー」

自分のことをオリとスガ婆は言う。

「できるわけないだろ、さっさと寝ろって」

僕は怒鳴りつける。

「明日、帰るから、電話しとってくれんね」

「ああ、電話しとくから早く寝ろよ」

夕食後はいつもこんなふうにして、スガ婆は床に就く。

デイサービスのない土曜日の朝

土曜日の朝八時過ぎまでスガ婆は寝ている。食事の用意をしていると、和室の襖が開いてスガ婆がパジャマ姿のままあらわれた。

「ここはどこきゃー？」

「神奈川だよ」

「バッ」

驚いたとき、スガ婆は決まって「バッ」と言う。

「なんでこんな所におっとや？　田中はなんしとっときゃー　迎えにきてくれんときゃー」

田中とはスガ婆の元の姓である。認知症になると結婚する前の姓に戻ってしまう人もいるというが、うなずける話だ。

食事後、スガ婆は外を眺めていた。父が亡くなって四年が経ち、一人が寂しいのかと思ったとたんだった。

「ここはどこきゃー」

また始まった。

「神奈川だろーが」

「バッ、東京きゃー」

「神奈川だって」

神奈川も東京もスガ婆は同じところだと思っている。

「田中から追い出されたっきゃー」

「住んでんの、ここにずっと」

「バッ」

「バじゃねえよ、天草を出て四〇年も経ってんだよ」

「バッ、そぎゃん経っとっとね」

食事後、いつものようにデイサービスの準備をしはじめるスガ婆。しかし、土曜と日曜はデイサービスを利用していない。土日は僕が一日家にいるからだ。それでも認知症のスガ婆は、土曜もデイサービスがあると思っている。

「じゃあ、行ってきまーす」

スガ婆はバッグを手に玄関に行く。

「今日は休みなんだけど」

「休み？　なんだー」

がっかりしたように部屋に引き返す。

しかし、安心はできない。気持ちの中ではすっかり行く気になっているからだ。

「でも、昨日……」

スガ婆はデイサービスに行く理由を作りはじめる。

「昨日……運転手（デイサービス送迎の）が、明日は道路に出て待っててくれって言ってたとよ」

無理のある話を普通に言う。

「そんなこと言うわけないだろ」

「言われたんよ、そうせんと連れて行かんよって。自分は新米だから道路に立っててくれんねって」

いつものことである。何を言っても聞こうとしない。

こうしてスガ婆は、来ることのないデイサービスの車を待ち続ける。

母と一緒に墓参り

日曜日の朝になると、スガ婆はじっとしていられなくなる。土曜に続いてデイサービスに行けないからだ。スガ婆は朝食を済ませると、デイサービスの準備をはじめる。

「今日は日曜日、日曜日はお休み」

そう言うと、一度はあきらめるが、すぐにまた準備をはじめる。スガ婆は小さな手さげバッグにパジャマを詰め込む。すでに定員オーバーなのに、さらにセーターを押し込む。チャックが締まらない。仕方なく、セーターを取り出してくつ下を入れる。セーターは手に持つことにしたようだ。

「じゃ、行ってきまーす」

軽快なスガ婆の声が響いた。

「今日は日曜日、日曜日はお休みなの」

僕は少々、声を荒げる。

「バッ、休みきゃー　ボケとるねー」

「ああ、ボケボケ」

スガ婆はしぶしぶ引き返す。

午後は久しぶりに墓参りに行った。

墓は父が亡くなった翌年に購入した。木村拓哉が出演したテレビドラマのロケ地にもなった霊園だ。傾斜地に広がる霊園は、アメリカのように芝生の中にプレートの墓石が並んでいて、美しい風景が広がる。

「ここなら、さびしくなかね」

スガ婆もここが好きなようで、いつも同じことを言う。スガ婆はユニクロで買った紫色のダウンジャケットを着ている。

お墓に着くと、

「じいちゃん、おはよう」とスガ婆が言った。

線香と仏花を供えて、手を合わせる。しばらく芝生に座って墓の前から眼下を眺める。

正面に丹沢の山並みが連なり、左側に相模原の街並が見える。雲がなく、日差しがまともに降りそそぐ。空が近い。

「気持ちよかねー」

要介護三の認知症老人の言葉とは思えなかった。自然の力は病をも治すのだろうか。

小春日和の日曜午後、のどかな時間が過ぎていく。霊園で食事をする人もいる。「愛」と描かれたプレートもある。ほどよい静けさと自由がある霊園は心地いい。毎日、ここに来ればスガ婆の脳も快復するかもしれない、と思う。

スガ婆が自分のバッグを気にしていた。開けてみると、中に靴が二足入っていた。

やっぱりダメだ。

いつも朝寝坊

スガ婆は冬になると寒さのため起きるのが遅くなる。今日も七時三〇分になっても起きてこない。デイサービスは八時半には迎えに来る。

五分後にもう一度起こしに行く。

「母ちゃん、朝だよ」

するとスガ婆は、

「バッ、寝すぎたっきゃ」と言って飛び起きる。

だが、本当に寝すぎたとわかって言っているのではない。六時に起こしても同じことを言うからだ。起きるといつでも寝すぎたと言う。

「なんでこぎゃん寝てしもうたときゃー」

「なんでじゃろきゃー」

「ボケたとばいねー」

と、数分間は言い続ける。

スガ婆がデイサービスに行くと、家に平和が訪れる。僕は夕方まで自由だ。

午後五時半過ぎに、スガ婆がデイサービスの送迎車で戻って来た。玄関に入るとスガ婆が言う。

「ただいまー、長い間、世話になったねー」

帰って来たのか、出て行くのか……とにかく、いまだに自分の家だと思っていない。

「今日、家に帰るからヒヨシ（弟）に電話してくれん」

「はいはい」と僕が返事すると、「おおきに」と関西弁で言う。

そして、自分の部屋に入るなり布団を敷きはじめる。すでに「帰る」という意識は消えている。

スガ婆にとって唯一の居場所は五〇年前に離れた実家なのだ。今、長男の僕と一緒に暮らすことも、そしてこの家も、脳の中に記憶されていない。

小規模多機能型デイサービス

スガ婆が利用しているデイサービスは、朝八時半に迎えに来て、夕方五時半に送ってくる。夜は九時半過ぎまで延長できる。だから僕は平日、東京に行って仕事をし、普通に戻ってくることができる。

気が向かない酒の付き合いも、親の介護を理由に断れるし、どうしても夜遅くなる時は、緊急で宿泊を依頼することも可能だ。スガ婆に会いたくない時も、九時半まで延長してください、と頼める。

普通のデイサービスはこうはいかない。決められた時間を厳守しなければならないからだ。

戸建住宅を利用した小規模多機能型デイサービスは、利用者の都合に合わせて細かく対応してくれる。だから仕事もできるし、遊びもある程度できる。介護で自分の時間がもてないという悩みは以前にくらべて少ない。

費用もそれほど高くない。宿泊すると四、五〇〇〇円ほどプラスされるが、宿泊なしで平日だけの利用であれば、月に五万円以内で済む。小規模多機能型のデイサービスに出会っていなければ、仕事しながら介護することはできなかっただろう。

キレる日々

僕はよくキレる。

朝、デイサービスの送迎車が来る寸前にスガ婆は、小さなバッグの中にパジャマやシャツを入れる。家を出ていく準備なのだ。僕はそれをすべて取り出し、押入れに投げ入れる。

「なんすっとか」とスガ婆が目を吊り上げる。僕は「アホ、ボケ」と怒鳴って、追い出すようにデイサービスの送迎車にスガ婆を乗せる。

夕方、デイサービスから帰ってくると、スガ婆は、

「世話になったねー」

「早よう帰らんばー」

「ヒヨシに電話せんばねー」と、言い続ける。

僕は無視して夕飯の支度をするが、料理している間も何度もそう言うスガ婆に僕はキレる。

「とっとと帰れ、クソババア」

するとスガ婆は鬼のように怒った顔をして

「帰るわ」と叫ぶ。

とても八四歳の認知症老人とは思えない形相である。

夕食後は早く寝てくれと、僕は心の中で祈る。しかし、スガ婆は決まって

「ヒヨシに電話してくれんね」「あの子らはなんばしよっとかな」と言う。

あの子らとは、スガ婆の娘たち（僕の妹）か兄弟のことだ。いずれにせよ、自分を迎えに来る身内がいると思っている。

やがてスガ婆は布団に入る。だが、なぜか玄関を気にしはじめ、布団から出て玄関に行き、ドアを開け閉めする。ときどきインターフォンを鳴らすこともある。デイサービスから帰宅した時、職員がすることを真似るのだ。夜中にもこれをやることがある。

それから部屋に入ると、二階の僕に向かって、

「玄関の鍵は閉めるのかい？」と尋ねる。

「好きにしろ」と、僕は二階から叫ぶ。

そして再びスガ婆は玄関に行く。インターフォンが家中に響きわたる。

「死ねー、ババー」

僕が叫ぶ。

「殺せ、殺してみろー」

スガ婆が言い返す。

僕とスガ婆は汚い言葉を飛ばしあう。近隣の住人に聞こえているのは明らかだ。いつか苦情がくるかもしれない。だが、止められない。

里帰り

お盆に故郷の天草にスガ婆を連れて帰った。故郷に帰れば、少しは頭も快復するかもしれないと思った。スガ婆には三人の兄弟がいる。すぐ下の弟・ヒヨシさんは実家を継いで農業をしている。姉と末の弟は村から一〇キロほど離れた町で暮らしている。

スガ婆も二〇年以上も故郷に帰っていなかったから、さぞかし嬉しいだろうと思いきや、それほどでもないようだ。スガ婆はつい昨日まで故郷にいた、といつも思っているのだから、二〇年ぶりではないということだ。

だが、知人に出会うと、とたんに顔色が変わる。

「バッ、○○さんね、ひさしかぶりー」

と、言って立ち話をする。

出会う人はみな老人ばかりで、ほとんどが女性だった。そのたびに僕から声をかけて、挨拶をする。そして一様に、

「バッ、須賀子さんきゃ、ひさしかぶり」と、相手が言う。

話が盛り上がった頃、スガ婆が言う。

「あんた、誰やったかいね」

すると相手が笑う。冗談だと思っているようだ。だが、そんなことを何回か繰り返すと、相手は嫌な顔をする。僕は適当に話を切って、その場を去った。

実家に着くと、ヒヨシさんと奥さんのツルノさんが出迎えてくれた。

「元気しよっとね?」

ヒヨシさんがスガ婆に言う。スガ婆は「ハイ」と応える。

ヒヨシさんとわかっていないようだ。すぐに「ヒヨシさんだよ」と教える。

「バッ、ヒヨシきゃー　元気?」

年老いたヒヨシさんが微笑む。

「遠いところ、ご苦労さん」

五〇前からほとんど変わっていない実家だが、スガ婆は懐かしさに浸ることもない。挨拶が済むと、三間続きの和室の広間でくつろぐ。スガ婆はあちらこちら見てまわることもなく、畳に座ってお茶をすすっている。ふだんの家と変わらない様子だが、しばらくすると、顔だけ動かしてあたりを見た。

「ここは、どこきゃ?」

実家もすでに別世界だ。

「母ちゃんの実家だよ」

「バッ」

スガ婆の頭の中にどんな実家があるのか、よくはわからないが、現実の世界とは別のもののようだ。あれほどまで「実家に帰りたい」と言っていたのに、実際に目の当たりにして、記憶とのギャップは大きいようだ。

目の前にあるタンスや襖、テーブル、座布団、テレビ……そうしたものはスガ婆の記憶にはないのかもしれない。年老いた姿のヒヨシさんやツルノさんもスガ婆に記憶されることはないだろう。

僕は、スガ婆を郷里でしばらくあずかってもらうことを考えていた。だが、ヒヨシさんとツルノさんは日中、農作業に出かけるので難しい。姉と弟に頼んでみるしかない。

故郷の親類に母をあずけるが……

父とスガ婆、そして僕ら兄弟がかつて住んでいた家に行ってみた。僕がかすかに記憶している家。三年前までスガ婆も気にしていたが、最近はまったく口にしなくなった。敷地には雑草が生えているだけで、家の名残は何もなかった。一〇年以上も前に家は崩れ、残骸は撤去されていた。庭木もなく、ただ海の景色だけが庭先に広がっている。コバルトブルーの南国の海に、大きな島が陽に照らされて光り輝いている。そんな美しい風景は昔のままだ。僕は九歳までこの家にいた。この海の風景は、どんな時も忘れることはできない。

ようやく訪れた故郷、それはスガ婆よりも、むしろ僕のほうが心待ちにしていたのかもしれない。三〇年以上経っても、九割は昔のままだ。そんな土地では、昔の話をしても時代錯誤とは思わないだろう。スガ婆がたとえ過去の記憶だけで会話したとしても、村人たちは普通に話せるにちがいない。

会話の中身は、あの人はどうしているか、といった話が大半で、行く先々で「死んだ、生きている、入院している」といった話ばかり。今は確実に人が減り、過疎化に向かっている。五〇年後、この村は存在していないかもしれない。

次の日、スガ婆の姉を訪ねた。姉は八七歳と高齢だが、頭のほうはしっかりしている。スガ婆との久しぶりの対面に、嬉しさを隠さなかった。よほど嬉しかったのか、スガ婆をスーパーに連れて行き、洋服や靴、下着を買い与えた。

姉はデイサービスに週二回、世話になっている。こんな日本の最果ての地にもデイサービスがあることに驚く。一人暮らしの姉には、大きな楽しみのようだ。すぐ近くに末の弟一家が住み、互いに協力しながら暮らしている。

そんな姉に、妹であるスガ婆をしばらくあずかってもらえるか尋ねてみた。姉は快く承諾した。弟も兄弟そろって住むことを喜んだ。兄弟同士だからスガ婆も嬉しいに違いない、と僕は思った。実験的に一週間ほど様子をみて、大丈夫そうなら二、三週間あずかってもらうことにした。

僕は三日ほど滞在し、神奈川に帰った。不安と期待が入り混じる、複雑な心境だった。

翌日、姉から電話がかかってきた。やや怒り気味の口調だ。

「須賀子さんば、連れに来てくれんかな」

「どうしたの、おばさん」

「あんたの母さん、ときどき行方不明になるとよ。ちょっと目をはなすと、勝手に出て行ってしまうんだよ。そのたびに弟と探しまわるんよ、もう疲れたと」

姉はスガ婆を弟にあずけ、目をはなさないよう監視させているという。

「お母さん、あなたに早く迎えに来てほしいって、そればっかり言うとるよ」

スガ婆には故郷さえも安住の地ではなかった。記憶の中にあるわが家を求めて、町を彷徨い歩くスガ婆が想像できた。

その週末に僕は再び天草に向かった。

スガ婆は兄弟との別れ際に泣いているようだったが、すぐにそれも忘れた。姉と弟はフェリーが動き出すまで見届けてくれた。二人にとっては、嵐のような日々だったに違いない。

考えてみれば、認知症患者を看るということが、どういうことかわかってもらえただけでも僕には収穫であった。この先、何があっても兄弟たちは仕方ないと割り切ってもらえるだろう。

終わりなき介護

認知症になると、通常は初期～中期～末期という症状を経ていくようだが、スガ婆の場合は七年くらい初期症状が継続している。

一時はアリセプト（アルツハイマー型認知症の治療薬）を処方してもらっていたが、それも飲まなくなってしまった。飲まない時のほうが精神的に落ち着いているように思えたからだ。

体はいたって健康で、風邪もあまり引かず、食欲もほとんど落ちない。これといった趣味もなく、テレビも見ない。人生を楽しむということを、まったくしてこなかった。生きがいを見つけることが認知症予防に効果的という専門医もいるが、スガ婆の症状があまり悪化しないのはなぜなのかわからない。

要介護者が健康であれば、デイサービスなどを利用して介護者も自由な時間をもつことができるし、料金の高い施設に入れることもない。

認知症は治せない病気と言われてきたが、早期発見で進行を食い止めることができるようになりつつある。それがどの段階であっても、それ以上の悪化を阻止できれば、家族の負担は軽くなるかもしれない。

これ以上、認知症が進行しないで、このまま長生きしてほしい、と願って介護し続ける男たち。しかし、徘徊や漏便、妄想などを長い期間にわたって経験することは、介護者には耐えられるものではない。いっそ寝たきりになってくれと思う人もいるだろう。それでも家族の顔を覚えていてくれ、話もできるなら、できるだけ現状維持でいてくれることが望ましいように思う。

男の介護は、どこか一途で、一生懸命になりがちだ。どこかで自分を解放する術を身につけることで、長い介護生活が無理なく続けられるようになるだろう。スガ婆もいつか、寝たきりの老人となり、施設に入ることになるのだろうか。

介護とは、先の見えないトンネルを歩いているようなものであるように思う。

第 1 章

実例・
介護する男たち

CASE 1

荒川不二夫さん（83歳）

父が息子を看る泣き笑い親子介護

八年間妻を介護

現在、若年性認知症の息子と二人で暮らす荒川不二夫さんだが、以前は妻の介護を八年もしてきた。

二〇年以上も前の話だが、荒川さんの妻（当時四八歳）は階段から転落して脳内出血を起こして入院した。その後、八年間は入退院を繰り返した。病院ではほとんど寝たきりだったが、家ではできるだけリハビリをさせ、少しでも歩けるよう体操や歩行の練習をさせた。オムツ替えや食事の世話など、ありとあらゆる介護をした。

それは、これまで苦労をかけてきた恩返しでもあった。荒川さんはもともと建築関係の会社を経営し、自宅をオフィスとして使っていたため、妻の介護と仕事を両立しながら生活することができた。それでも食事の世話、下の世話、入浴、掃除、洗濯など、それまであまり経験したことのないことばかりだった。

介護保険もない時代で、相談できる友人や知人もいなかった。そのため保健所や区役所に相談し、アドバイスを得ることで一歩ずつ前進していった。

「在宅での介護というのは本当に苦労したね。私は自営業だったので自由に使える時間は比較的多かったと思う。だから自分で介護できたけど、普通のサラリーマンの方だと難しいだろうね。仕事を辞めたという人もけっこういるようだし」

結局、妻を八年間介護した。最初は体力も回復し、歩行も話もできた。妻のために手すりを部屋中に取り付け、歩行器も自分で作った。しかし、病気が進むと歩くことも話すこともできなくなった。妻は認知症ではなかったが、記憶する能力も衰えていた。

「オヤジの会」の立ち上げ

その後、妻が亡くなり、ようやく介護から解放されると、それまで経験したことを活かそうと、荒川さんは、「オヤジの会」を立ち上げた。介護に悩む同じ境遇の男性介護者が集まり、日頃の悩みや問題を打ち明けて、精神的に楽になってもらいたいと思ったからだ。男性同士ならば気兼ねなく話せることもある。話を聞くだけでもいいし、時には自分の経験を話したり、アドバイスしたり、とにかく何か役に立ちたかった。

オヤジの会は同士七人で立ち上げ、代表に荒川さんが就いた。区役所もバックアップしてくれ、定例会の際に施設を使用させてくれることになった。

しかし、会員がなかなか集まらず、ようやく開始した定例会では思うように打ち明けてくれなかった。そこで、定例会の場を会議室から居酒屋へと変えた。一杯やりながら話せば、気兼ねなく話せるのではないかと思ったからだ。

「自己紹介なんか最初は硬かった。構えちゃう。だから一杯やりながらにしたんだね。三回くらいやって、だんだん会員数が増えてきて、三〇人くらいになった。やっぱり男は飲み屋にかぎるよ」

定例会というのは、年六回（そのうち一回は総会）開催される。毎月だと介護がある人にはきついだろうと考え、二カ月に一度にしている。時には専門家や医者に参加してもらうこともある。

会費は月二〇〇円。年間二四〇〇円。夜の飲み会は一五〇〇円だったが、高いという人もいたので一〇〇〇円にした。ある人はそれでもきついと来なくなった。そして、去年から定例会を昼間に戻した。社協の部屋を借りてやるからアルコールなし。その代わり会費だけですみ、金銭的な負担は少なくなった。それでも、やはり来ない人は相変わらず来ないままだ。「介護に忙しく、それどころではないのだろう。介護を終えた人もいるからね」と荒川さんは言う。

難病の次男を在宅介護

なんとか軌道に乗った「オヤジの会」だったが、荒川さんに思わぬ事態が起きた。長男が病に倒れ、荒川さんも前立腺ガンを発症したのだ。やがて長男は病のためこの世を去った。荒川さんは手術でなんとか回復したものの、精神はぼろぼろだった。しかし悪夢はこれで終わらなかった。今度は次男（現四八歳）が難病を患い、介護が必要となったのである。

次男の病は脳が萎縮する病気だった。病院で診てもらうと、以前、スキーで転倒した時、頭部を強打したことがあり、そこが悪化した疑いがあるということだった。そして医者が言った。

「余命二カ月です」

突然の宣告に荒川さんは呆然となった。妻、長男が次々とこの世を去り、自分だけが生き残っていく。なんという運命のいたずらなのか。誰を恨むことなく、ただ情けない思いが全身を包み込む。

「あと二カ月の命か、だったら家で看てやろう」

ほとんど植物人間状態の次男を家に連れて帰った。そして、その日から再び在宅介護が始まった。

「オヤジの会の会長が介護しないなんてバレたら、あとでなんて言われるかわからないしね。先生も往診してくれると言ったから、自分の手で最期まで看てやろうと思った」

それからは、二四時間つきっきりの生活が始まった。

食事はペースト状の栄養剤を、口をこじ開けて入れる。便も時間をはかって定期的に出させた。出なければ肛門に指を突っ込んで排便させた。床ずれしないよう、体をときどき起こしもした。次男は身長一八〇センチ、体重八〇キロという立派な体格だから、八〇歳を過ぎた荒川さんにはかなりきつい労働だった。

親しい住職に正月に仏ができるかもしれないと言った。それくらい覚悟はしていた。妻の時とは違うつらさがあった。わが子を失うことほどつらいことはない。自宅に連れて帰ったことが本当によかったのか。口のきけない息子といつまでこんな生活をするのだろうか。悶々とした日々が過ぎていく。

だが、事態は思わぬ展開へと動いた。半月ほど経った一二月中旬、急に次男が、

「ご飯が食べたい」

と言葉を発した。しゃべったのだ。

「信じられなかったね、もうびっくりして飛んでった」

「おい、なんて言った？　おい、しゃべったのか」

「赤飯食いてえよ、オヤジ」

荒川さんの献身的な介護が息子を生き返らせたのだ。

これでオヤジの会で胸が張れる、そんな気持ちがふと湧いた。嬉しくて仕方がなかったが、病気が治ったわけではない。ご飯を食べさせると気管に入り肺炎を起こす可能性があるからと、医者には注意されていた。しかし……

「わかった、赤飯買ってくるから待ってろよ」

「医者には内緒なんだけど、まあ、末期の子なので思い切って食べさせたんだね。そしたら、おいしい、おいしいと言って食べたよ。でも体は何ともなかった。正月にはお餅を小さく切って海苔を巻いて食べさせた。そのうち、だんだん元気になってっちゃった」

それからは、あごのリハビリのつもりでスルメも食べさせた。発声の練習もさせた。二カ月が過ぎた頃には元気になり、話も普通にできるようになった。

往診に来た医者は、「あれー、ずいぶん元気になったな」と驚いた。

荒川さんは、「先生の処方箋が効いたんじゃないですか」と、とぼけた。

息子が若年性認知症に

しかし、これで済まないのが荒川家である。

「三月二日だったかな、昼間、家を出て行ったんだね。気づかなかった。警察署から電話があって、息子さんを保護しているというんだよね」

これには荒川さんも虚を突かれた思いだった。しかし、次男の家出はたんなる家出ではなかった。医者に診断してもらうと、どうやら若年性認知症だという。検査の結果、脳が萎縮する病気を患っているために起きたのではないかという。

「一人で出たらダメじゃないか」

その日、息子にきつく言い聞かせた。

翌日、一時間ほど役所に行く用事があり、息子には一時間だけ辛抱して待っていてくれと言った。しかし、またも家を出て行った。今度は別の警察署から、息子を保護していると電話がかかってきた。

そんなことが続いて、荒川さんは息子の感情を乱さないことが徘徊を防ぐ方法だと思うようになった。叱れば感情が高ぶり、外に向かってしまう。叱ることは認知症患者にとって、最も避けなければならないことなのである。

「朝、質問なんかすると感情がカーッと高ぶるんだね。役所の人が来て〝今日、何食べたの？〟なんて聞くと、もうダメ。一日中おかしくなる。だから本人の好きな話をするようにしている。たとえばビリヤードとかゴルフ、釣りの話をすると得意満面に話す。認知症ってのは、よく理解しないといけないと思ったね。とにかく興奮させないことが大事なんだ」

エスカレートする問題行動

それからは息子のやることに文句を言わなくなった。しかし、それでも症状は次第にエスカレートしていく。

夜、二時半頃トイレに起きて、眠れなくなった次男は冷蔵庫を開け、中のものをいじくりはじめた。そのうち中身を全部取り出して床に並べてしまった。朝、それを見た荒川さんは喉まで出かかった怒りをぐっと押しとどめた。

「誰がこんなことしたんだろうね？　頭の黒いねずみかな？」

そう言うのが精一杯だった。すると息子が言う。

「オヤジ、ダメじゃないかこんなことしたら」

怒りを通り越して、笑いがこみ上げる。

本人はまったく記憶がないから、怒ってもなぜ怒られているのかわからない。それならば夜中に起きないようにすればいいだけのことだと荒川さんは思った。それからは、夜は少し遅めに寝かすようにした。それによって何とか防ぐことができた。

体が元気になると、風呂も自分で入ることができるようになった。しかし、ここでも気を抜くと思わぬ問題が起きる。

「朝起きたら風呂場からジャージャー音がするんで、行ってみたらびっくり。お湯が出しっぱなし。夜から朝までずっと。その月の水道料が一万八〇〇〇円くらいだった。それでも叱れないんだね。でもショックだったね、その時は」

荒川さんは、息子に言った。

「風呂の水道が、お前のおしっこみたいにジャージャー流れてたよ」

息子はげらげら笑っていた。

ある朝、冷蔵庫を開けたら買ってきたはずのネギがなくて、探したがなかなか見つからない。まさかと思って、ぬか漬けの壺を見たらすっかりネギ漬けができていた。しかも泥がついたまま。ぬか床がすべて駄目になった。

ここでも怒らない。

「大したもんだな、ネギのぬか漬けかー、初めての味だぞ」と荒川さん。

すると息子が平然と言う。

「ゴボウとニンジンがあったけど、ネギがうまいと思ってさ」

食えたものではなかった。

玉ねぎとキュウリを冷凍庫に入れられたこともある。

「おいおい、玉ねぎを冷凍したら食べられないよ」

「そうか、アハハハ」息子は笑った。

「すごいことやるなー」

息子は少し反省しているような素振りを見せる。

荒川さんはそれ以上、何も言わない。

「虫の居所が悪いと腹が立つこともあるね」

だけど、それを次男はすぐに察知する。そして言う。

「オヤジ、暴力はよくないぞ。おれ、病気なんだからな」

「……」

こいつ本当に病気なのか、と荒川さんはつい疑ってしまう。

「かわいい息子に暴力なんか振るうわけないよ」

そう言ってごまかすが、こっちの感情を見透かしているとしか思えない言葉に荒川さんは戸惑った。どこかが欠陥でも、どこかはしっかりしている。四八歳という若さに可能性を感じることがあるという。これが若年性認知症というものなのだろうか。

荒川さんは息子の行動を観察し日誌に記している。いつか病気の解明に役立つのではないかと考えてのことだ。

鋭い感性が蘇ってきた？

上野アメ横でスルメを買う馴染みの店がある。ある雨の日、荒川さんはアメ横まで行くのが面倒なので、近くのスーパーでスルメを買って帰った。

「今日のスルメはひねくれてるけど、どこの店で買ってきたんだい？」と息子が言った。

「アメ横だけど」と荒川さんはごまかした。

「いいや、こんなスルメはアメ横にはないよ」と息子が言った。

「あれー、そんなはずないんだけどなー」

内心、まずいと思ったが最後までとぼけた。それにしても次男がここまで勘がいいとは。変なことをする時の息子はやっぱり病人かと思うけど、こういう時の息子は本当に普通の人間のようだ。そんなことがたびたびあるのは、若年性認知症には回復の余地があるということなのか……そう思わざるを得なかった。

若年性認知症がどこまで解明されているかは不明だが、荒川さんの息子の場合、高齢者の認知症にくらべて正常な時間帯が長いように思われる。思い出すのも比較的最近のことであるようだ。

現在から過去に向かって記憶がなくなる高齢者に対し、息子は現在のことも覚えており、昔のことは思い出として話している。そして、親に対する思いやりもある。

「息子はね、おばあさんと母と兄貴に亡くなられて寂しいと言ったことがある。ちゃんと覚えているんだなって思った。なんだかんだ言って寂しかったんだね。こっちはそんなことわからなかった」

ある日、息子が何気なく言った。

「兄貴とはよく夜遊びしたもんだ。知らないのはオヤジだけだよ」

息子は町内会の役員をしていたので、付き合いの酒が多かった。

「病気になってから酒は一滴も飲まないし、タバコも吸わないけど」と息子。

息子は自分が認知症であることを理解しているようだ。

荒川さんはある夜、付き合いで少しだけ酒を飲んだ。息子に悪いからと酒を断っていたが、断りきれず、一杯だけ呑んでしまった。

「オヤジさん、なかなか家の酒が減らないねー。いいよ、飲んでも」

次男が酒瓶を見て言った。

「おまえが飲まないのに俺が飲むわけにいかない」

次男は家の酒が減らないことを知っていたし、荒川さんが外で酒を飲んだことも気づいていた。それを責めるのではなく、酒が飲みたいなら我慢しなくていい、という思いやりを見せたのだ。

回復？　また失態

息子が病気になって二年が過ぎた。だんだん回復しているようだと荒川さん。しかし油断していると、息子は時折、失態をやらかしてしまう。

「ある夜、私の部屋に息子が入ってきたと思ったら、急にバタンと倒れ私の体の上に覆いかぶさってきてね。八〇キロもあるんだから、痛いのなんのって。暗かったので布団につまずいたらしい。二、三日胸がずっと痛くて、病院で診察してもらったら肋骨が折れていた。肋骨の骨折はそのまま安静にするしかない。晒《さらし》を巻いてね。結局一カ月くらいで直ったけど、その間は介護もきつかった」

そんなことがあって、夜でも見えるようにと部屋に足元灯をつけた。

しかし、そんな足元灯を見て息子が言う。

「夜、電気つけておきなよ、ケチケチしないでさ」

「よく言うよ、まったく」

仕方がないので、照明を着けっぱなしで寝ることにした。

肉体的な痛手は荒川さんのように高齢であるほどつらいだろう。回復に時間がかかり、下手をするとそのまま寝たきりにもなりかねない。

すると今度は息子が転んでしまい、その弾みで指を切り二針縫った。看護師さんが痛いですかと尋ねた。

「そりゃ神経が通ってんだから痛いよ」と息子。

「認知なのによくわかるな」荒川さんが横槍を入れる。

「痛いものは痛いよ」息子がやり返す。

介護をしていて不安なこと

介護をしていて不安なことは、一般的には金銭的なことがかなり大きいのではないかと荒川さんは言う。仕事を辞めてしまって、働くことができないと、あとは年金と貯金を取り崩していくしかない。現在、息子はデイサービスに週五日通っている。そのほかにホームヘルパーが一日。デイサービスに行っている間、荒川さんは講演や区の業務など、収入を得るためできるだけの手立てを考えている。

認知症が進めば施設も考えるけど、最初から施設に入れたら不憫だと思っている。どうしようもなくなるまでは自分で看てやりたいと荒川さんは言う。金銭的には保険である程度まかなえる。息子は認知症の介護施設を利用している。

「あそこに来ているのは、みんなパー」と息子が言う。

「おまえだって同じようなもんだろ」と荒川さん。

とは言ったものの、息子は正常に近いのかもと思った。それがようやくわかってきたので、施設はデイサービスだけにしている。

ときどき、息子が言う。

「親子ふたりしかいないんだから、一緒にがんばっていこうよ、オヤジ」

「おまえに言われると調子狂っちゃうよ」

自分を気遣ってくれる、そんな息子がいとおしく思えてくる。

「本人が希望するなら、できるだけのことをしてやりたい。それが悔いのない介護かな」

昨日できなかったことが今日できることもある。若年性認知症の特徴なのだろうか。荒川さんの話を聞いていたら参考になると医者が言った。親が子を介護するというケースがこれから増えるかどうかはわからないが、若い年代の認知症には荒川さんの息子のように回復する可能性もあるのではないかと思える。

荒川さんのアドバイス

要介護者に対しては感情的にならないこと。キレたらおしまい、歯を食いしばって我慢してほしいですね。それと、介護者のストレスを解消するためには、なんでも話せる人を見つけることが大事。個々の症状は違うけど、人に言えないつらさ、情けなさ、苦しさはみな同じ。その苦しさを知っている仲間を見つけることは大きい。医者や専門家ではなく、自分と同じ立場の人であること。話せる相手がいれば気持ちは楽になる。「オヤジの会」のような介護者の会が各地にあるから、ぜひ利用してください。

CASE 2

坂本黄二さん（68歳）

最後に特別養護老人ホームにたどり着いた母の介護

四〇代で母と同居

坂本黄二さんは現在、息子と娘が独立し、妻と二人横浜で暮らしている。数年前まで同居していた認知症の母（八九歳）に悩まされ続けたが、今は特養（特別養護老人ホーム）に母をあずけている。勤めていた住宅関連会社を定年退職し、現在はボランティア活動の日々を送っている。

坂本さんの母は九人兄弟の末で育ち、気丈で几帳面な性格だった。父は東京の神田で洋服の仕立屋をしていたが、戦時中は蒲田の工場で働き、その最中に空襲で亡くなった。坂本さん一家は母の田舎に疎開し、そのまま母は田舎で雑貨店を経営。行商に精を出す。坂本さんも一緒に暮らすが、一八歳の時に母の元から離れ、東京で一人暮らしを始める。

母は商才があるうえ、テレビや新聞も好きで、自分なりの主義主張をもつ進歩的な女性だった。しかし、そうした母は田舎では変わり者として映り、周辺から敬遠されるようになり、自然と一人閉じこもった生活をするようになっていた。

そんな母を引き取ったのは、坂本さんの姉だった。坂本さんは四人兄弟で、兄と姉と妹がいる。姉は母のためにと増築までして、同居することに。しかし、新しい環境になじめなかったり、気難しい母の性格などから、少しずつ双方に歪みが生まれていく。

その頃、坂本さんはマンション住まいで妻と子ども二人の家庭をもっていた。しかし、姉が母に手を焼いていると知り、坂本さんが母を引き取り、同居することにした。そのために田舎の土地とマンションを売って、戸建住宅を買った。

母六〇歳、坂本さん四〇代前半という頃だ。

夜中に外へ出て行って

同居を始めた頃は、母も問題なく生活していた。しかし、近所付き合いが苦手な母は、家に閉じこもることが多くなった。もともと草花が好きだったので庭をいじったり、鉢植えを楽しんだり、テレビを見て過ごすようになる。

「知識を吸収しようとしていたみたいで、田舎でもテレビは比較的早く購入して見ていたんだね。テレビで勉強できると信じていたようで、お前はテレビ見ないから駄目なんだと、よく言われたよ。うちに来てからは、勉強しないと父親みたいになると、いつも子ども（孫）たちに言ってね。私のことを出来のよくない息子だと思っていたんだね」

坂本さんは、そう言って笑う。

認知症の初期の頃、母は相撲が好きで、新聞の取組み欄によく印をつけていた。漢字もちゃんと読めた。根が几帳面なのだ。理屈っぽく、少しの間違いも許せない。それが度を過ぎると、人が信用できなくなる。孫たちが本当に塾に行ってるのか、わざわざ塾に行って確認したりした。「今から思うと、認知症のせいだったのかも。几帳面な人は認知症になりやすいかもしれない」と坂本さんは言う。

やがて、母の認知症は少しずつ進行し、八〇歳を過ぎて明らかに奇妙な言動があらわれてくる。

「二階の窓に子どもが座ってお菓子を食べているとか、トイレの窓から子どもが飛び降りた」などと言うようになった。テレビを見て興奮し、大声を上げたり、虫が飛んでくると言っては掃除機を外に向け空気を吸引したりもした。

また、食事を摂ったことを忘れ、再び食べようとする。そうかと思えば、食事の時間になっても、機嫌が悪いと食事を拒否する。そして、部屋に閉じこもる。

交番に何回も電話して苦情を言うようにもなった。苦情の内容は「誰かが自分を殺そうとしている」といった妄想的なものだった。電話を止めさせてくれと、警官が家に来たこともあった。

夜中に外へ出て行くこともある。きっかけは風の音や何かの物音だ。それで誰かが来たと思い、表に出る。いったん外に出ると、遠くまでは行かないが、近所をまわって、他人の家のドアホンを押すこともある。

「どうしたの、おばあちゃん、こんな夜中に」

「誰かが私のことを殺そうとしているの。言っとくけど犯人は息子じゃないわよ」

言うことは無茶苦茶だが、坂本さんをかばう愛情もある。こんなことが頻繁にあると、熟睡することはできない。外に出ようとする母を説得して、あきらめさせる。それでも言うことを聞かないときは、力づくで押さえつける。

力づくで押えることしか考えられなかった

その頃は介護保険もなく、デイサービスもなかった。足腰が強い母を家に残して仕事に行くことはたいへん心配なことだった。妻もリウマチで体が不自由であったし、子どもたちは学校に行って、結局、母をひとり家に閉じ込めるしかなかった。

朝五時に起きて、食事や家事をし、子どもたちを送り出して自分も出勤しようという時、母は会社に行くなと言ってなかなか出勤させてくれなかった。

「息子が側にいてくれないと不安だったようで、妻では駄目だった。母にとっては、やはり息子が一番なんだろうね」

夜は母が暴れて、それを押さえつけて黙らせる。首に手をかけて押さえつけたりもした。警察沙汰の紙一重であった。妻にもよく、無茶しないでと注意されていた。でも無理なものは無理だった。

「男はなんとか認めさせようという意思が強いかもね」

坂本さんも、言い聞かせるより、力づくでその場を解決することしか考えることができなかった。

何度言っても聞かない母に苛立つ坂本さんは、布団を被せ母を押さえつける。おとなしくなった頃合いをみて、ドアに鍵をかけて会社に行く。後ろめたい感情がどっと押し寄せる。

夜、ほとんど寝られない日が続いた。頭が朦朧《もうろう》とするなかでクルマを運転した。信号待ちをしているとき、青に変わったのを見てクルマを発進させた。しかし、青になったのは一つ先の信号だった。

ハッ！　思わずブレーキを踏む。タイヤが悲鳴を上げ、体中の毛穴から冷汗が吹き出てくる。こんなことをしていたら、いつか死ぬ。そんな思いが脳裏を駆け抜けた。

「確実に疲れていたが、どうすることもできなかった」

最終的には母に睡眠剤を飲ませた。坂本さん自身も最近まで睡眠剤を飲んでいた。飲まなければ、当時のように小さな物音でパッと目が覚めてしまうという。眠れないつらさを坂本さんは痛いほどよくわかっていた。

自転車との接触事故を起こしたのは、定年退職が近づいた頃だった。会社の中には事故を理由に辞めろという者もいた。会社も坂本さんの介護のことを知っていたが、特になんの配慮もなかった。事故のことは警察に届け、法的にきちんと対処をし、会社に迷惑はかけなかった。

いろいろな部署をまわり、最後はクレーム処理係に就いた。実際に現場に行って、苦情を聞き対策を行うが、あまり人気のある部署ではない。坂本さんは、クレーム処理には時間がかかることから、こちらの都合で動けるよう交渉し、介護がしやすいようにした。仕事は真面目にやり遂げ、有給休暇を使うこともなかった。そして、ようやく定年退職を迎えた。

医者に相談、要介護度の認定を

異常行動を繰り返す母を病院に連れて行こうと思ったが、本人が嫌がった。精神病院に入れられると思ったらしい。家の外に出ると病院に連れて行かれると思って警戒する母。

ある日、保健所に相談すると、精神科の医者を連れて来た。

医者が母に質問した。

「どこに人がいるのですか?」

「あそこにいる」と、母は部屋の隅を指差す。

医者は精神安定剤を処方してくれたが、当初は歩行困難などの副作用が出て効果がみられなかった。何度か薬の調合を変えていくうちに薬が効きはじめ、母の精神が安定していく。そして、母もその先生ならと安心し、病院に行くようになった。しかし、精神系の病院であったため奇声を上げる人や、落ち着きのない患者が多く、それを見た母は動揺した。しばらく病院に連れて行くことができなくなった。

医者には要介護度の認定を受けるように言われた。言われるとおり、認定してもらうと要介護四と判明した。草を食べる行為が、特に認知症が進んでいる証しと考えられた。テレビで草を食べるシーンを見て、自分も真似て、庭の草を食べるようになったようだ。

デイサービスで少し負担が軽く

その病院には幸いケアマネージャー（要介護と認定された人にケアプランを作成し、アドバイスする専門家）がいたので、自宅に来てもらうことができた。ケアマネージャーは母の荒れた部屋を見て驚いた。そして、そんな部屋の状況から母の病状を理解した。

普通のデイサービスでは母の面倒が看れないだろうからと、ケアマネージャーは病院のデイサービスを紹介してくれた。病院内に高齢者を一日看てくれるデイサービスのようなサービスがあるので、母をそこにあずけることを勧めてくれたのだ。病院では患っていた脱肛*を毎日洗ってくれ、母も心を開いていった。しかし、数カ月後に病院のサービスは制度の変更により廃止となってしまった。それでも、この時の経験によって母は、通常のデイサービスも嫌がらずに行けるようになった。

＊脱肛　肛門や直腸の下の粘膜が肛門外に脱出する病気。便秘などで肛門部への負担をかけていると、肛門を閉鎖するのに役立っている痔核部分に力が加わり出血することがある。さらに負荷が加わると、その部分を支えている組織が断裂し、外へ脱出するようになる。これが脱肛である。坂本さんの母親の場合、一〇センチ以上も粘膜が肛門外に出ていた。

その後、デイサービスは週四回、ショートステイ（短期の宿泊）も月に一回は行くようになる。この頃、坂本さんは会社を定年退職したことで、介護に専念できるうえ、デイサービスよって自身の負担は多少軽くなった。だが、デイサービスへ送り出すと、掃除、洗濯、買出しと、やることは以前にも増して多くなった。

介護は不幸でも災難でもない

妻もリウマチなどの障害があり、要介護三と認定された（現在は四）。骨が変形して手で物をつかむことができなかった。妻が入院するなどして、時間ができたことで坂本さんは、ヘルパー二級の講習を受け、資格をとった。

講習を受けて、知的障害者や要介護者がいることは特別なことではないと知った。介護は昔からあったこと。日本の社会ではそれが表に出てこなかっただけなのである。

そんなふうに思えるようになると、自分が不運だと思うこともなかった。介護することは不幸でも災難でもない。介護は普通のことだと思うことで、精神的に楽になった。

「母親を介護できたのは女房に障害があったから。どっちを看るのも自分が努力すればいいと思っていた」

二人も介護しなければならない状況は、普通なら相当な負担である。しかし、坂本さんはそれほど悪い状況とは思っていない。妻が元気であれば、妻に母の介護をしてもらっていたかもしれない。そうなれば妻の苦労は計り知れない。妻が入院して、坂本さんの負担はいくらか軽減できたと、そう思っている。

脱肛と大腸ガン

ある日、母が脱水症状を起こし救急車で病院に運び込まれた。病院では胃カメラによる検査も行われた。検査が終わると、母が「飲んだものがお尻に出てきた」と言いはじめた。どうやら胃カメラが肛門から出ているという意味のようだった。母は盛んに手でさわった。だが、その手には血がついていた。調べてもらうと、脱肛だとわかった。

本人はカメラだと思い、それを無理に引っぱり出そうとする。どうやら触っても痛くないらしい。だが、脱肛には血も便もつく。ついにはハサミで切ると言い出した。医者に連れて行くと、手術したほうがいいと言う。だが、その時はもう少し後にしようと思った。

ある日、押入れの中を片付けていたら、古いパンツが出てきた。脱肛の部分だけ穴が開いていた。その時、坂本さんは初めて以前から脱肛があったことに気づいた。

母の認知症が進み、便を漏らすようになった。便は柔らかいため、部屋のあちこちに撒き散らした。デイサービスの送迎車の座席を汚すこともあった。そのためスカートしかはかせず、紙オムツの着替えをしやすいようにした。

便の問題は坂本さんをずいぶんと悩ませた。そこで坂本さんは、あることを思いつく。「便が柔らかすぎるのが問題なのだ、だったら後始末がしやすいように便が固くなる薬を飲ませることにしよう」

薬の効果はすぐにあらわれた。便は硬くなり、後始末は楽になった。ただし、硬い便で便秘になることもあった。医者に言うとひどく怒られた。

「介護は人によっていろいろ違う。細かな問題が数多くある。介護士とかヘルパーだけではなく、看護師や医者のフォローが充実していると助かるが、今の制度では無理かな」と坂本さんは言う。

脱肛があるために、ショートステイも施設への入所も無理だと言われた。施設に入所するには手術して治す必要があった。施設が決まらなくて老健*にも行った。しかし、そこでもオムツ交換に手間がかかるということで受け付けてくれなかった。もはや手術しかないと坂本さんは決意する。

手術の当日、予想外の発見があった。なんと肛門近くにガンが見つかったのだ。ちゃんと直すためには入院して検査する必要があるという。手術のためにガンはこのままにするか、それとも手術を中止し、ガンの検査を先に行うか。その場で決めろと医者が言う。

難しい選択だが、坂本さんは脱肛の手術だけすることにした。ガンはしばらくは大丈夫そうだったからだ。ただ、放置すると腸閉塞を起こすかもしれないという。

＊老健　「老人保健施設」の略称で、リハビリをして在宅復帰を目指す施設。

特養に入所が決まる

手術前に特養の入所が決まった。ようやく母の順番がまわってきたのだ。だが、入所前に脱肛の手術を済ませておかねばならなかった。手術は無事終わり、一週間の入院の後、母はなんとか特養に入所することができた。

特養の費用は月八万円ほどかかる。公共の施設の中では比較的低額であることから利用者は多い。坂本さんは月一〇回ほど母のもとを訪れる。母は家にいる頃とは明らかに違った様子を見せるようになった。それまでにはなかった気遣いが母に出てきた。

「家にいる時は母もつらかったと思う。今は私に対して、お金はあるかい？　仕事はちゃんとやってるのかい？　と気遣うこともある」

特養に入れたことで、それまでのイライラした日々から解放され、坂本さん自身もやさしい言葉をかけられるようになった。それが母の気持ちをほぐし、母のやさしさにつながったのかもしれない。

坂本さんは施設に「もっている機能だけは維持できるようにしてほしい」と、母が杖を使って歩くのを了承してもらっている。しかし、施設では車椅子の利用者が多く、職員もそのほうが都合がいいのである。杖で歩いて、仮に転んでしまえば、あとあと手間がかかる。できるだけ手間がかからないほうが助かるのである。

利用者よりも、むしろ施設側の都合であることは仕方ないといえばそれまでだが、できれば一人ひとりにより細かな対応ができるよう工夫してもらいたい。

介護のかたわらボランティア活動を

坂本さんは今、介護のかたわらデイサービスや特養などで、週二、三回ボランティア活動を行っている。パソコンを使った音楽活動で、パソコンから音楽が流れ、歌詞カードを見ながら老人たちが歌う。歌の種類は昔の歌や童謡が中心で、誰でも歌った経験があるようなものにしている。それを回想することで脳を活性するのがねらいだという。

「満州の歌とかもある。当時、満州はどうでしたか？　と聞けば、嬉しそうに話してくれるよ。歌にはそれぞれ思い出があるから」

と坂本さんは言う。

だが、せっかく親しくなった老人も、次に行った時に亡くなっていることがある。人の命がここで終わるのかと思うと、自分の活動にも自然と力が入る。

入所している人たちの中には、いろいろな施設をめぐって、ようやくここにたどり着いた人も多い。坂本さんの母のように、いろいろな施設に断られ、手術をしてなんとか特養に入れた人もいる。

しかし、その特養にはレクリエーションのサービスがあまりない。民間の老人施設やデイサービスにはさまざまなイベントや取組みがあるが、重度の症状の方が多い特養には少ないのが現実である。坂本さんは自分の母のこともあり、こうした人たちへの活動をボランティアで行っているのだ。

自分も認知症になるのか？

坂本さんは母の介護でストレスがたまったのか、夜歩いていて、自分がどこにいるのかわからなくなることがある。また、自分のやっていることを突然忘れてしまうこともあるという。自分も母のようになるのか、認知症は遺伝するのか、坂本さんは不安だった。

病院で脳の検査を受けたが、異常はなかった。しかし、三年ほど前、認知症の検査で最新のＰＥＴ検査（第４章参照）を受けてみると、若年性認知症の兆しがあると診断された。早期発見だったためアリセプトを処方してもらい、発症を抑えながら現在も服用しつづけている。その甲斐あって、症状は治まり普通に生活している。

坂本さんは、ケアマネージャーや医者などいろいろな人から意見を聞いた。兄弟や親子といった血縁や遺伝で認知症になりやすいということは少ないようだ。男性よりも女性のほうがかかりやすいと言われているが、原因はよくわかっていないのが現状である。

認知症は生活習慣病みたいなもので、性格と環境が問題ではないかと坂本さんは言う。それによって誰でもかかる可能性がある。家に閉じこもる生活よりも外に出て、人に会って話をするほうが脳にはいい、と坂本さんは考える。そして几帳面すぎてもよくないと思っている。

女性は家事に追われて外で遊ばない人が多いが、男性は趣味や付き合いなどで、人生を楽しむ人が少なくない。最近は、これが逆転している家庭も多いようだが、いずれにしても頭がボケないためには、楽しみをたくさん見つけることが大事なようだ。

坂本さんのアドバイス

特別養護老人ホームは申し込んでから入所するまで五年もかかりました。どこも特養に入るには何年も待たなければならないのが現状なので、あきらめずにがんばるしかありません。入所してもデイサービスのようなサービスはあまりないので、楽しみは少なくなります。私は月に何回も面会に行きますが、なかには面会に来ない人も多くいます。施設に入所したら終わりではなく、できるだけ会いに行き、やさしい言葉をかけてあげてください。自分も将来、そうなるということを意識し、施設にあずければ終わりという意識はもたないでほしいですね。

CASE 3

森元　勝さん（65歳）

妻の介護をして糖尿病が治った！

朝四時から介護が始まる

森元勝さんはパーキンソン病の妻と二人で暮らしている。息子と娘がいるが、二人とも近くに家庭をもち、日曜と月曜は娘が泊り込みで手伝いにやってくる。また、火曜から土曜まで、息子の妻が夕飯づくりなど手伝いに訪れる。

森元さんの妻は五年前に発症し、現在はほとんど寝たきり状態である。意識はしっかりしており、会話はなんとかできる。森元さんは介護のために仕事を辞め、付きっきりで介護している。

利用しているサービスは週一回（水）のデイサービスと、火木金土の朝のホームヘルパー。食事は一時間ほどかかるため、朝食だけヘルパーの助けを借りている。その間に森元さんは他の家事をする。

森元さんは毎朝、四時に起き、五時前に妻を起こして薬を飲ませるのが一日の始まりだ。薬を飲めば、体調がよくなり食事がうまく摂れる。

しかし最近、妻が薬を飲めなくなることがあるらしい。体調がよいとちゃんと飲むけれど、そうじゃないと口に含んだままにしているという。思いどおりにならないのが介護、辛抱強く妻の背中をさする。

妻は薬を飲むと、二時間ほど寝て七時に再び起きる。その前に森元さんは自分だけで食事をして、妻の食事や薬、オムツなどの準備をする。パーキンソン病は体が硬直する病なので、七時に妻が起きると、体のマッサージを二〇分ほどする。

その後、排便の準備にとりかかる。便秘で困る人も多いが、便秘薬は体に負担がかかるので、できれば飲ませたくない。そのために森元さんは妻のお腹をマッサージしたり、体を動かすようにして排便を促している。

「うちのはちょうどいい硬さだから、ツルッと出るよ（笑）。一回出ると、あとはもうサーサーと出てくるね」

確かに多くの人が便秘ではたいへん苦労している。便が出なくて摘便をする人も少なからずいる。森元さんもそのことはよく知っていて、本人の力で便を出させるよう心がけているのだ。

●●● 介護は仕事の延長みたいなもの

ところで森元さんの妻は、あまりデイサービスが気に入ってはいないようだ。なんとか週一回だけデイサービスに行かせているが、それ以外は毎日、自宅で面倒をみている。

デイサービスは介護者の負担を軽くしてくれる最もポピュラーな介護サービスである。それをあまり利用できないとなると、介護者の心労は重くなっていくだろう。

ストレスは溜まらないのだろうか。

「以前はイライラしてね、頭にきたときは投げ飛ばしちゃう。布団の上にちょっとところがす程度だけどね（笑）。一応、倒れても大丈夫だってことを確認してからやるけど、本人はびっくりして見てたね」

まだ妻が元気な頃のことだが、やられたことを本人は覚えていないのだろうか。

「覚えてくれてたほうがいいよ。それはまだ大丈夫ってことだから。かかりつけの医者がね、〝ケンカしてもいいんですよ、奥さんすぐ忘れるから〟って言うんだよ（笑）」

森本さんは介護について独自の考えをもって臨んでいる。それは、仕事をしていた時はなんでも計画してやってきたという自負があり、介護もその続きだということ。つまり、従来の仕事が介護という仕事に切り替わっただけ。仕事をやっている頃は、何時に起きて、何時にどうするか計画を立てる。余裕ができてきたら明日の分もやっておこうと考えることもある。介護も似たようなものだと、考えるようにしている。

しかし、休めばいいのに明日の準備などをついしてしまう。特に男性にはそういう人が多いのではないかと、森元さんは言う。

「女性はその場、その場でやって、明日のことなんて考えないでしょ。だから案外気楽なんだね。僕の奥さんでもそう、おおざっぱ（笑）。だから続くんだよね。僕は決めたことを全部やらないと気持ちが悪い。人まかせにできない。遊ばなきゃいけないとわかっていても、できないんだね」

これといった息抜きはないのだろうか。

「あまりないね、酒も飲まないし、タバコも、女もやらない（笑）」

森元さんは、介護者の会に入り、ときどき介護仲間と話をすることがある。そういう場に行くとなんでも話せるので気晴らしにはなるようだ。介護している者同士だから忌憚なく話ができるという。

「経験がないと、相手は聞いてるだけ。それに暗くなっちゃう。互いに介護している者であれば、下の話もできるし、些細なアドバイスもできる。介護のベテランはけっこう明るく話してくれるから助かるね。僕も明るいほうだから、暗くなられると困る」

明るい性格の森元さんを、さらに明るくする出来事が起きた。

糖尿病が治った?

そう、森元さんは介護をしている間に、糖尿病が治ってしまったのだ。

以前は血糖値が一一以上あって、治療のため薬をずっと飲んでいた。ところが去年の一一月に検査をしたら、もう薬は必要ないと医者に言われた。血糖値が正常に戻ったのだ。

「介護していて体重が減ったのがよかったんだね。前は七六キロ、今は六三キロ。食べ物は前からあまり変わらないし、特別なことをやったわけじゃない。お菓子も食べてるし、それほど気をつけてなかったのに、体重と血糖値が下がった」

介護と家事で森元さんは一日動いてる。そして、決まった時間に寝起きするという規則正しい生活を続けている。これが体重の減少につながり、ついでに血糖値を正常に戻したのだと考えられる。

気になるのはふだんの食事内容だが、聞くとカロリーはあまり気にしていないらしい。その代わり、量に気をつけているという。

朝食は一五〇グラム。ご飯、納豆、味噌汁。味噌汁には細かく切った野菜を一〇種類くらい入れて、それを丼一杯食べる。昼は二〇〇グラムで、食パン三切れに野菜やチーズをはさんだサンドイッチ。夜も二〇〇グラムで、ご飯、おかずを普通に食べる。肉も週二回、食べる。

介護して五年目になる。介護前に医者に言われて、体重を八〇キロから七六キロに落とした。このときは仕方なく減量し、無理に食事制限した。

だが、今回は介護に追われ気づいたら六三キロ。介護期間に一三キロも落ちたことになる。五年という歳月はかかったが、その間に自らの生活も規則正しいものとなり、健康な体を取り戻していくこととなった。

「介護がたいへんだから、せめて糖尿病は治してやるかって、神様がそう思ったんだね」

あまり息抜きをしない森元さんに、神様は素敵なプレゼントを用意していたのだ。

ホームヘルパー資格取得に向けて

森元さんは医者に、「あなたが倒れたらどうするの」とよく言われる。森元さんの負担を軽くするためにも、もっとデイサービスを利用したほうがいいと言う。だが、妻はデイサービスに行きたがらない。

「僕だと、けっこう細かいところまでケアが行き届くでしょ。施設やデイサービスでは無理だと思うね」

これも男性介護者にありがちな考え方のように思える。なんでも一生懸命なのが男性にみられる傾向で、妻への愛情が強いように見受けられる。

介護ためにヘルパーの資格をとったりすることも少なくない。それで介護の質を高めようと考えている。基本的なことを理解し、介護とはどういうことか知ろうとする。森元さんが言う、「介護は仕事の延長のようなもの」という言葉に男性介護者の共通性があるように思う。そして行き着くところ、介護はこうあるべきものと思い込む。

ところで、森元さんは妻がパーキンソン病を発症する前に、近隣の人を集めてヘルパー三級の講習を受けて資格をとった。ある程度の人数が集まれば、講師を呼び、行政の後押しを受けて資格がとれた。

「介護者五〇人くらい集まって、ホームヘルパー三級の講習を三カ月くらい受けたんだね。以前は人数がいれば講師を呼んで、講習会をしてもらえたから。まだその頃は三級しかなかった。でも、まさか本当に自分の女房を介護するとは思ってなかったけど」

ホームヘルパーの資格はボランティアとして、社会に役立ちたいという思いからやったことだ。在宅介護で苦労している人に少しでも貢献できればいいと思っていた。今はそれが妻の介護に役立っている。

ちなみにホームヘルパー資格は現在、介護の基礎知識から実践まで三カ月～半年ほど学んだ後、取得できる。ホームヘルパーの資格には一級、二級、三級があり、介護・福祉の分野で働きたい人はまず二級の資格を求められるのが一般的だ。

また、ホームヘルパー二級の資格取得後は実務経験一年以上でホームヘルパー一級、三年以上で介護福祉士、五年以上でケアマネージャーへとステップアップすることが可能だ。介護、福祉業界で働くためには、まずはホームヘルパー二級からというのが基本のようだ。

介護保険制度はできたけど

「介護保険が始まって一〇年、要介護者を施設にあずける人が多くなったけど、以前はみんな家で看てたんだよね。基本的には在宅介護がいいと思うけど、家庭によって事情が違うからなんとも言えないね。介護保険制度ができて在宅介護がしやすくなったようだけど、お金があるからすぐに施設って考えるのもさびしいよ。そういえば、要介護度が高い人は慰労金がもらえる制度もあるらしいけど……」

自治体にもよるが、要介護者へ支援金、慰労金などの介護手当を支給しているところもある。重度の要介護者に対し、最高年間一〇万円ほどを設定している自治体もある。しかし、受給者が少ないのが現状で、その理由として、支給条件のハードルの高さにあると考えられる。

その条件とは、ある自治体の場合、一年間にデイサービス、ショートステイ、訪問介護の利用が八日を超えないこと。さらに入院期間も年間九〇日を超えないこととしている。以前はもう少し条件が緩かったこともあり、利用者は多くいた。しかし、昨今の財政状況も影響してか、こうした地方自治体の制度は厳しさを増しているようだ。

介護保険制度ができて、それなりに助けられていることは事実だが、自治体などが介護支援をもう少し積極的に行うことで、一人でも多くの介護者たちを救うことができるものと考えられる。

「介護認定の調査を個別にやってるでしょ。その時、収入とか家庭の状況とかがリアルにわかるわけだから、苦しい家庭にはサービスを無料にしてやるとか、支援金とか出してもいいんじゃないかな」

きめ細かな対応が遅れている介護保険制度だが、男性介護者に限らず多くの介護者が孤立し、わずかな生活費でどうにかがんばっているのが日本の介護社会だと思わざるを得ない。

森元さんも介護保険のなかでホームヘルパーと週一のデイサービスだけ利用している。あとはすべて森元さんの介護で妻は生きているのである。分厚い介護支援制度がまだまだ期待できない以上、森元さんのようなやさしい男性たちにがんばってもらうしかない。

「あまりがんばりすぎることなく、適当にやるしかないよ。つらいことがあれば、できれば介護仲間を見つけて、いろいろなことを相談するといいね」

介護という限られた時間の中で、仲間づくりは難しいかもしれないが、ケアマネージャーや行政などから介護者の会を紹介してもらい、集会に出席してみることも考えてみたい選択である。

森元さんのアドバイス

建築現場での仕事上、いろいろな人とうまくやっていくためには冷静にならねばならず、深呼吸やストレッチなどで怒りや動揺を鎮めることが身についていました。介護でもイライラすることがありますが、仕事の時と同じように自分をうまくコントロールしていくようにしています。介護も仕事の続きと考えていますので、気晴らしに特に何かをするということはありません。介護で悩んだり、悲しむことは少なくて、できるだけ事務的に作業をするように努めています。あまり悲観的に考えず、介護という現場を切り盛りしている現場監督のような気持ちでいること、そうすれば気が楽になると思います。

CASE 4

福岡民夫さん（52歳）

介護保険は利用せず自宅で介護

母を物扱いされたくない

一〇年前に脳卒中で倒れ、その後、認知症を発症してしまった母を在宅介護する福岡民夫さん。現在は、寝たきりの母を介護する毎日だ。福岡さんは独身で母と二人暮らし。介護のためにデザイナーの仕事もほぼ休業し、預金と母の年金で暮らしている。兄弟は姉と兄がいるが、いずれも家庭をもち他県に住んでいる。

福岡さんはデイサービスもヘルパーも利用せず、すべてひとりで母を看ている。

他人から見れば、もっと福祉サービスを利用して、できるだけ介護者の負担を軽くしたほうがいいと思うだろう。しかし、福岡さんには、福岡さんなりの理由がある。

「専門学校で介護福祉士を目指す若い女性から聞いたんだけど、老人ホームで研修した時、ホームの職員たちが老人を物として扱っていた、と言うんだよね。別のホームでも、入所中の母親の足にアザがついているのを見て、どうしたのか聞くと、杖で叩かれたと言った知人もいた。その母親は一年くらいで亡くなったんだけど、家族はホームを訴えて、係争中だそうだ」

そんな話を聞かされた福岡さんは、母が物扱いされ、虐待されるのではないかと強い抵抗感を覚えた。それなら自分一人で看よう。そう決めたのである。

最初の頃は徘徊を繰り返し、そのたびに警察から保護していると連絡があった。やがて母は足腰が動かなくなってしまった。しかし、それでも徘徊はあった。足が動かないのに、どうやって徘徊するのか。それは這って行くのである。両手が使えるので、這って外に出て行くのだという。

母の徘徊は夜中に起きた。家の前に幹線道路が走っていて、その歩道を這い進んだ。夜中であるため人に出会うことなく、延々と這っていく母。非常に危険な状況だった。

やがて一台のクルマが母を見てすぐに警察に電話した。駆けつけた警察官は、福岡さんの母親と知り、連絡してきた。

それ以来、玄関ドアの内側に新しく鍵を取り付けて、外に出られないようにした。そして、福岡さんは親の近くで寝るようにした。

その後、症状が進み、新たに便の問題が福岡さんを悩ませた。母は便を漏らして布団を汚したり、手に持って歩いたり、口に含んだりした。紙オムツをしてもすぐに脱いでしまうので無駄だった。

もはや昔のような母ではなかった。

オムツの取り替えと摘便、それでも……

福岡さんは若い頃、母とはよくケンカをした。父親の家業を、福岡さんが引き継ぐことを母が求めてきたのが、その原因だった。家業は長い間、順調だったが、二〇年ほど前から父親が病気がちで思うように売上げが伸びず、借金だけが増えていった。そんな家業をなんで継がねばならないのか悩んだ。

しかし、ある日、父親が亡くなった。残ったのは数億という借金だけだった。兄弟は兄と姉がいて、すでに家庭をもっている。兄弟に家業を継ぐ意思はまったくなかった。

母と二人きりになると、福岡さんは仕方なく母と一緒に家業を切り盛りしていった。だが、どこかで母を恨んでいた。それから一〇年、借金をなんとか返済し、これからという時、母が倒れたのである。

今では口も利けなくなり、福岡さんのことを息子だと認識できないほど認知症が進んでいる。三時間おきにオムツを取り替え、摘便（肛門に指を入れて便をかきだす）したり、食事をさせたり、薬を飲ませるなどする。体が動かない分だけ楽だと、福岡さんは言う。

「以前は母を憎んだこともあったけど、今はぜんぜんない。母ではなく子どもみたいなもの」

介護認定を受ければ、最高度の要介護五であることは間違いないだろう。施設に申し込めば、それほど待たなくても入所できるように思える。友人も何度も施設への入所を勧める。だが、福岡さんは頑なに拒否してきた。

友人が言う。

「そんなに悪い施設ばかりじゃない。ほとんどが問題なくやってる」

「そういって無理に入所し、亡くなった人がいる。あくまでも仕事として施設はみているんだ。それはどこも同じだよ」

福岡さんは険しい顔をして言う。

「問題を起こせば、罰せられるのが今の世の中だ。虐待すれば、職をなくすことにもなる。そうそう悪い人ばかりじゃない」

友人はそれでも説得しようとする。しかし、

「介護していない奴にはわからないよ」

福岡さんが強い口調で言った。

友人はしばらく何も言えなかった。

「介護をしていないと何も言えないのか？　お前が心配だから言ってるのに」

友人はほとんど怒っている。

「そういうわけじゃないけど……」

口ごもる福岡さん。しかし、福岡さんは本気でそう思っている。

介護はつらいから施設を利用しろ……そんなことは誰でもわかる。

しかし、それでも自分で介護をする人間の気持ちは友人にはわからない。友人の言葉は世間一般の言葉である。親も元気で、施設とも無縁な人間の言葉に素直にハイとは言えなかった。

介護を言い訳にしているんじゃない

介護のために、約束の時間に遅れた時、ある人は怒った。

「そんなの理由にならない。君にやる気があるかないかだ。介護を言い訳にするなよ」

福岡さんは言いようのない怒りがこみ上げた。

前日は夜中に母に何度も起こされて、ようやく寝たのは三時過ぎだ。それでも朝五時には便の準備をしトイレに連れて行った。その後、少し横になった福岡さんは、寝坊してしまい、約束の時間に遅れた。

介護を言い訳にしているんじゃない。介護がどれほどたいへんか知ってほしいのだ。日本はまだまだ介護者には厳しい社会である。仕事仲間の中にひとりでも介護者がいれば、まずはその介護者の都合に合わせる配慮があってもいいはずだ。

知人の中には介護中の者もいる。福岡さんが特に信頼を寄せている先輩のBさんは、何かとアドバイスをくれる。

いちばん助かったのは摘便のことだった。排便のことで悩んでいた時、Bさんが言った。

「俺もやってるんだけど、ウンチが出てこないときは、指を肛門に突っ込んで出すんだ」

「えっ、指をですか？」

「そう、摘便というんだけど、大したことないよ、みんなやってる」

先輩の言葉は福岡さんの不安を軽減してくれた。初めて知った摘便という言葉を受け止められたのだ。

自分にもできる。そんな思いがしたという。その後、ホームヘルパーの講習を受け、摘便の仕方を覚えて、実際に母に試した。最初は動揺もあったが、すぐに慣れたのも先輩の言葉があったからだった。

介護の仕方を少しずつ覚えていくことで、安心して介護に専念できるようになっていく。いろいろな用具も購入し、まるで施設のような環境をつくっていった。

介護疲れと体調不良で点滴

だが、在宅介護をしやすい環境づくりはできても、福岡さん自身の負担は変わらなかった。そのためときどき目まいや貧血に見舞われ、横になることが多くなっていく。気分が悪くなり病院に行って点滴を注入することもしばしばある。

医者は福岡さんの体を心配し、「あなたのほうが先に逝くよ」とまで言われたこともある。それでも点滴を流し込んで、しばらく安静にしてから自宅に帰っていく。

これほどまでして介護しなくても、とは思うが、本人はそれほど負担ではないようだ。

「最近は、時間配分をちゃんとしていて、三時間おきに介護すればいいんで楽になった。その間は自由。好きなことができるよ」

点滴は介護疲れというより、運動不足や食事のせいでもあった。母にはきちんと対応できても、自分には甘いのが災いしたのかもしれない。もう少し、遊びや運動をしたほうがいいのだが、若い頃から運動は苦手だった。移動もほとんどクルマである。

食事は肉類が多く、野菜や果物は嫌いなほうだ。

「在宅介護者にはうつ病になる人もいるらしい。お前を見ていると、なんとなくわかる」

そう言うのは、福岡さんと同じように母親を介護している友人だった。

「施設とかヘルパーとか、自分の目で確かめて利用すればいい」

友人の言葉に、これまでのような抵抗を感じなくなっていたのは自分の体が弱っていたからだろうか。福岡さんは素直に聞いた。

「このままだと、お前が病気になるのも目に見えている。そうなったら誰が介護する？介護で共倒れする人もけっこういるけど、ほとんど高齢者だろ。五〇代前半でこんなになるまでやる意味あるのかよ」

友人はなんとか助けてやりたい一心で言った。しかし……

「最後まで自分で面倒みるって決めたんだ」

福岡さんの思いは母への強い愛情だった。

かつてケンカばかりしていた母に、福岡さんはどこかで謝りたかった。そして感謝したかったという。

「施設に入れれば、死期が早まる。少しでも長生きしてほしい。そう思うのは、いけないことか？」

友人は福岡さんの気持ちがなんとなくわかったような気がした。

「わかったよ、好きにすればいい。でも、あまり無理すんなよ」

「お前もな」

「ところで、今度、母を施設に入れようと思ってる。認知症が進んで、もう俺のことも忘れはじめてるからな」

福岡さんは驚いた。

「そうか、それも仕方ないな」

福岡さんは本心ではなかった。

「お前のようにはできないよ、俺は」

友人は、福岡さんに皮肉を込めて言った。

「施設にあずければ、寿命が縮むっていうの聞いたことないか?」

「そりゃ、なかにはそういうこともあるかもしれない。だけど、それで息子や娘が安心して家庭を守れるんだったら、それでいいと思う。俺だったら、息子にそう言うよ」

「俺は独身だし、家族は母だけだ。このままでも誰も迷惑しない。最期まで看るつもりだよ」

福岡さんは、施設にあずけることを認めようとはしなかった。

二人の会話は平行線をたどった。

何を言っても施設には頼らない福岡さんに、友人は閉口した。

在宅介護の意味

福岡さんのように、かつて日本では自宅での介護がほとんどだった。しかし、介護保険制度ができ、施設が増えてくると、多くの介護者が施設を利用していく。それによって家族の負担が減り、親も子どもに面倒をかけるという精神的負担を軽減できるようになった。

在宅介護を社会全体で支援するために介護保険制度ができたわけだが、まだまだ在宅介護は個人の負担が大きいように思える。

親を愛するがゆえに福岡さんは、これからも点滴を続けながら母の介護に努めるという。

最後に福岡さんが言ったことばが印象的だった。

「一度くらい下の世話をしてから施設にあずけろ、と言いたいね」

それは、施設に入れるすべての人に言いたいことだという。

「本当は施設で死ぬより、家で死にたいのが本音だと思う。家族に見守られ、ありがとうって言って死ぬ。子どももちゃんと死ぬってことがどういうことかわかるし、老人は大切にしないといけないってわかる」

かつて在宅介護は人の死と直面する可能性が高かった。介護者の負担が軽減できれば、現在でも自宅で最期を迎えたいと思う人は少なくないだろう。施設でひっそり母が逝くことは、息子にとっては大きな悔恨として残り続けるかもしれない。

福岡さんのような在宅介護者を、社会全体で支えていくことができれば、ひとりで寂しく死ぬこともない。家族に見守られながら子が産まれ、家族に見守られながら死んでいく。理想と言えばそれまでだが、人として最も幸せな始まりと終わりを考えていかなければならない時代に来ているのかもしれない。

福岡さんのケースは、日本人がどんな死を迎えるか、あらためて考えさせられる問題でもあるように思える。

福岡さんのアドバイス

自分の親なら、せめて介護してから施設にあずけてほしいです。そうでないと後悔することになる、と思います。それから介護者の方は健康に十分気をつけること。介護者が認知症になったり、大病を患うこともありますので、介護の合間に何か好きなことをするようにし、ストレスを溜めないようにしてください。私はそれが下手なため、毎日のように点滴を打つようなことになりました。

CASE 5

横戸喜平治さん（70歳）

介護は人間修行、人生修行

母がアルツハイマー病に

横戸喜平治さんは、一九九七年に父を、二〇〇三年に母を介護の後、看取った。現在は妻と息子夫婦、孫など八人で暮らす。

母・きよこさんは認知症を、父は肺を患っていた。先に発症したのは母のほうだった。きよこさんがスーパーへ買い物に行った帰りに、道がわからなくなり、他人に送られてきたことに、横戸さんは何か変だと感じていた。しかし、それでも深刻には受け止めなかった。その後、きよこさんは衣服や時計、財布、保険証、そして靴までもどこかにしまいこんで、あげくにその場所を忘れてしまうようになった。

病院で診てもらうと、アルツハイマー病だと診断された。脳の病気で治しようがないという。横戸さんは突然ハンマーで殴られたようなショックを受けた。医者は市役所の老人福祉課で今後のことを相談するようにと言った。

母を連れて市役所に行くと、担当者がきよこさんにいろいろと質問した。生年月日、生まれた場所まではしっかりと答えたが、今日は何年何月？　ここはどこ？　といった質問にはまるで答えられなかった。横戸さんはあらためて驚いてしまった。いつの間に母はこんな状態になってしまったのかと。そして、そのことに気づかなかった自分を情けなく思った。

今度は父の介護

横戸さん一家は、家を新築し、長男夫婦などが加わって総勢一一人で暮らすようになった。これで母の介護も家族の協力を得やすくなり、横戸さんも精神的に楽になった。

ところが、今度は肺の病で突然父親が倒れ、入院した。きよこさんは長男の嫁に看てもらい、横戸さんは間近に迫った定年退職までなんとか勤めることができた。

父は、一年後に退院したが寝たきりとなってしまう。定年退職した横戸さんは、父の介護に追われるようになる。

毎日、オムツ交換を四、五回、さらに体の清拭《せいしき》や食事の世話、下着と寝間着とシーツは二、三日ごとに取り替え洗濯する。介護保険もない時代であったが、入浴は市の老人福祉課の計らいで施設でできるようになり、ベッドに寝たまま送り迎えしてくれた。

電動ベッドも市が貸してくれた。また、訪問看護を週に一度受けられるようになり、清拭や着替えなどを助けてもらうことができた。

こうした介護のおかげで父の容態は徐々に快復し、入浴は車椅子でできるようになった。さらに、父は立ち上がる意欲を見せるようになり、やがて壁伝いに歩けるまでに快復したのだ。

その後、杖をついてトイレに行けるようになり、オムツも使わなくなっていった。そして一時間以上、座椅子に座っていられるようになった。

母の認知症を理解できない父

母・きよこさんは相変わらずデイサービスに通い、体はいたって元気だった。きよこさんが帰宅すると父が相手をしてくれたので、横戸さんはたいへん助かった。ただし、認知症のきよこさんは父を怒らせることも多々あった。

「今日はどこに行ってきたんだい？」

父がきよこさんに話しかける。最初、簡単な会話にきよこさんも普通に答えた。

だが、きよこさんは突然、

「こうしてはおれない、早く帰らないと暗くなる」

と言い出した。すると父の顔色が変わった。

「どこに帰るんだ？」

「家に帰るのよ」

「家はここだ、ここ以外に家などない」

声を荒らげる父。

「ここから少し上に行くと私の家があるのよ」

「バカ言うな、家はここしかない。何度言ったらわかるんだ」

「坂の上だってば。早く来ないかって、チャン（父）が待ってんの」

きよこさんは信じ切っていた。

「バカもんが、わけのわからんこと言うな。チャンはとっくの昔に死んじまったよ」

「死んだ？　誰が死んだのよ？」

きよこさんが冷静に言う。

「お前のチャンだよ」

「私のチャンは死んでないわよ、私が来るのを待ってんの」

「バカいえ、チャンが生きていたら一一〇歳以上だぞ、そんなに生きられるわけないだろ」

父はほとんど怒鳴り声だった。

横戸さんは、これ以上続けさせるのを恐れ、二人に声をかけた。

「お茶が入ったよ」

父がようやく怒鳴るのをやめた。

元気になったのは良かったが、母との会話に激怒する父の姿は横戸さんを心配させた。

また、やめていた酒も飲むようになり、気がきではなかった。

だが、やがて父は肺の機能低下が進み、少し動くと息苦しい様子を見せるようになった。結局、二年ほどでまたオムツとベッドの生活に戻ってしまうと、一九九七年二月に父は息を引き取った。

隣の家でお茶をごちそうに

きよこさんのほうはというと、徘徊や漏便を繰り返していた。

ある日の午前中、少し横になっていた横戸さんに妻が大声で言った。

「お母さん、どこに行ったの？」

「いない？」

「寝るんだったら、なんで鍵かけないのよ！」

とっさに徘徊だとわかると、外に飛び出して近所を一周した。だが見当たらない。今度は自転車を引っ張り出して、近隣の道を探しまわった。さんざん探したが見つからない。もう一度、家の周辺を探そうと考えた。

その時、ふと気になったのが隣の家だった。もしやと思い隣家を訪ねた。すると玄関内の框《かまち》にきよこさんが座ってお菓子を食べていた。

これで二度目だ。以前も隣の家にあがってお茶をごちそうになっていた。その時、「母が来たら必ず連絡してください」とお願いしていた。だが、「喉が渇いていたみたいだったから、一杯飲んでから送っていくつもりだったの」と言う。もちろん親切心であることは理解できる。

しかし、普通の老人にお茶をごちそうするのと、認知症患者のそれとは意味がまったく違うのである。一分でも行方がわからない状況は、家族をパニックに陥れることとなる。それは一歳、二歳の幼児とて同じことだ。経験者でなければわからないことだが、まだまだ認知症への理解が広がっていないのが現実だ。

うまくいかない母の排泄介護

ある夏の日の朝のことである。

横戸さんは頭痛がし、全身がだるく、明らかに風邪だとわかった。だが、そういう時に限ってきよこさんはじっとしていない。なにやらそわそわと、テラスに置いた自分の靴を探している。

聞くと、これから歯医者に行くという。仕方がないので、きよこさんと散歩に出かけることにし、その前にトイレに行かせることにした。そして、背中を押してせかした。

「危ないから押すなよ」

きよこさんは怒り気味だ。横戸さんも風邪のせいかイライラが募り、便器に座らせるときも、やや乱暴に扱った。

「何すんだよ、自分のことは自分でやるから、かまわないでくれ」

せっかく下ろしたズボンをたくし上げ、もはや座ろうとはしない母。体調の悪い時の介護はこたえる。〝こうなりゃ自分との戦いだな〟と、横戸さんは思った。

「どうせ介護するなら明るく笑って介護したい」と、横戸さん。それでも、ときどききよこさんを怒らせ、自分もいらだつことがある。

横戸さんはそんな時、道化師を演じることがある。

その時のことを横戸さんは詩にあらわしている。

しょんべんたれろ

「何事にもゆっくりゆっくり」

自分に言い聞かせながら

母の歩調に合わせてトイレに行く
ながい用便時間
両手をもって母の前に座り
下劣な言葉に節をつけ
「しょんべんたれろーくそたれろー」
母は笑い声をあげながら
「そんなこと言うなよ　汚くてかんなくなるよ（食えなくなる）」
「ああ、ごめん、ごめん」
下劣な言葉で母を笑わせ
せっせと時間をかせぐ
わけのわからない母の言葉に
「そうか、うん、うん」と
わかったような嘘の返事
リラックスした母が
用便してくれたときは
「ああ、よかった、よかった」

思わず感嘆の声

横戸喜平治『介護のうた　今日もにこにこきよこさん』（水書房）より

排泄は特にやっかいな介護のひとつである。

きよこさんも以前から四日くらい排泄のないことがあった。それでも下剤の世話になることはなかった。日頃から水分を多めに摂るようにし、繊維質の多い野菜もたくさん食べさせている。

だが、便秘が五日も続くとそうも言っていられなくなる。排便を促してもいっこうにいきんでくれない。そこで思い切って摘便をやってみることにした。買い置きの手袋をして、取りかかろうとしたとたんだった。

「何するんだよ！」

と、一喝のもと拒絶された。

それ以後、機嫌を損ねて何を言っても耳を貸さなくなった。ただし幸いにも、その日の夜、きよこさんは排泄した。

またある日、五日間のショートステイで一度も排泄がなく帰宅したため、すぐに下剤をミルクに溶かして飲ませたところ、翌朝、大量に排泄した。やや不安ではあったが、そのままデイサービスに送り出す。

その不安は見事に適中した。

「水のような便を何度もお漏らししました。下剤を飲ませましたか？」

デイサービスからの連絡帳にそう記されていた。

「僕の失敗だった。早朝に大量に便が出たから安心だと思い、職員さんに下剤を飲ませたことを知らせなかった。介護者としての未熟さ、甘さを痛感させられた」と、横戸さんは言う。

病状が進み介護負担が減少

アルツハイマーと診断されて一〇年以上が経過した二〇〇一年八月、きよこさんの要介護度が五と認定された。車椅子にずっと座っていることが多くなる。柔らかめのご飯をときどき吐き飛ばすようにもなった。おかしなことに母の病状が進むとともに、介護の負担が徐々に減少していった。

初期の頃は徘徊に悩み、その次はところかまわず排尿・排便、お風呂に入れようとしても服を脱がなかったり、真夜中に家の中を歩きまわったり、歌をうたって眠らなかったりと、数え上げればきりがない。
これらは認知症の要介護者を抱える家族の多くが経験することだろう。初期、中期の苦労があるからこそ、末期の負担が楽と感じるのである。言い換えれば、初期・中期の介護者のストレスを減少することができれば、虐待などの悲劇はなくすことができるはずである。

介護の道

今も思い出すとぞっとする
ぶくぶくと煮え立った風呂のこと
焼けこげてでこぼこになった鍋底を
しまい込まれた郵便物や
押入の中の腐ったミカン
行方不明の母を
家族みんなで探しまわったことを
数え上げればきりがない

痴呆になりかけの頃の母は
家庭生活の破綻者であった
どう接していいかわからず
みんなで怒ってばかりいたあの頃を
一段一段介護の道を登りつめて
今だから思い出として語れる
恥ずかしいことのかずかず

母の最期

お粥のご飯粒を
吐き出すようになってからの半年あまり
おかずもご飯もミキサーにかけていた
そのミキサー食もだんだん量が減り
一月九日以降ついに拒否して食べなくなった
デイサービス利用も一月八日が最後になった

食べ物は飲み物に変り
エンシュアリキット（乳状の食料）
果物のゼリーやジュース
ミルクや蜂蜜湯、そして水
いろいろな飲み物もだんだん飲まなくなり
通院しての点滴も四回目の中途で止めた
一月二五日からは一滴の水も飲まず
それでも両脇を支えてやれば歩き
声をかければ返事をする
居間の安楽椅子からベッドに移し
静かに眠らせてやることにしたのは
一月二七日の午後から
「母よ、よく頑張ったね」
一月三十日の夜、妻と見守る中で
母は息を引き取った

介護で得たこと

父母の「介護」を思い出す
私にとっての「介護」は
「人間修行・人生修行」であったことを
父母の介護で得たものは
お金などでは買えない
学校・学問などでは身につかない
「自分で自分がままならず
一歩一歩、黄泉への道程を
他人さまの手にすがって生きる」
その生きざまを介護を通して教えられた
「老いて要介護者になるということは！
生を全うするということは！」
否応なしに考えさせられた
「自分の足で歩ける健康の有難さ

自分でもろもろの選択をしながら
生きておれることの有難さ」
この有難さを教えられた
父母の介護がなかったら
気づかなかったであろう
もろもろのことがら

横戸喜平治『介護のうた　今日もにこにこきよこさん』（水書房）より

家族会の主要メンバーに

長い間の介護をようやく終え、やれるだけのことはやったと、横戸さんには充実感と解放感があった。しかしそれは、親だからもてる感情かもしれないとも感じている。これが妻や夫だった場合、想像を絶するほどの違いがあるのではないかと。

横戸さんは、自身の介護の経験を活かそうと、要介護者の家族会に入り、現在も主要メンバーとして会を支える。会では介護者たちが苦労話や愚痴を言い合い、行政や施設の情報、介護保険制度のことなど、意見や情報交換をしあう。

自分と同じように介護で悩んでいる人がいるということを知るだけでも、励みになるという。会議ではなく、自由におしゃべりできるこうした場所こそ、理想的な家族会の姿であるように思える。

横戸さんは、『介護のうた　今日もにこにこきよこさん』（水書房）という本も出版するなど、多くの人に介護とは何かを考えさせ、明るい介護の道へ誘おうとしている。

そんな横戸さんの元へ、介護仲間などから毎月送られてくる川柳がある。一部を紹介しよう。

「自由題」

持つ時間　どちらが長い　ペンと器具
我ら皆　死に行く星に　腰掛ける
気が付けば　独居老医の　医者通い
パソコンを　孫に習えば　高くつき
「眠れない」　相談電話に　起こされる

お題「虫歯」

不景気が　歯にしみるよ　この頃は
虫歯より　懐痛む　自己負担
正露丸　虫歯に詰め合う　老夫婦
無呼吸の　後に虫歯の　交響曲

横戸さんのアドバイス

自分が何かの役に立っていることを喜びとする母に、昔、田舎でよくやっていた「縄ない」や「紙縒（こより：細かく裂いた紙をより合わせてつくる紐）」作業をやらせました。縄ないは、ビニールや布を藁の代わりにしていました。手先の運動になるし、仕事だと思って夢中でやるから、その間は徘徊もしなくなりました。そして完成したら必ず褒めてあげることが大事。助かったよ、と言うとすごく喜びます。体が元気なうちは何をするかわからないので、仕事を与えることで一石二鳥の効果が期待できます。

CASE 6

川内 潤さん（30歳）

施設で虐待防止をテーマに活動

虐待を防止するサービスを求めて

川内潤さんは現在、川崎市内のデイサービスで管理者およびスタッフとして働き、認知症の要介護者とその家族から虐待をなくそうと、さまざまな取り組みをしている。

これまでデイザービスを利用する男性介護者たちを取り上げてきたが、施設側の事例として川内さんの活動を紹介しよう。

川内さんは介護をする身ではないが、介護で最も深刻な問題である虐待を人生のテーマに掲げ、その防止のために施設やサービスはどうあるべきかを追求している。

施設関係者でありながらも、利用者側の気持ちも痛いほどわかるのは、自分の父母がまさに虐待を繰り返し、家族に大きな傷跡を残したからだ。

入院で意識しはじめる介護の世界

川内さんは高校時代、器械体操部に所属し、将来もその道の職業に就きたいと考えていた。二年生の時、練習中に怪我をし、そのまま試合に出て手首を骨折。手首の骨折を治すため腰の骨を移植する手術が行われ、ある期間だけ車椅子生活をすることとなった。

初めての車椅子生活はエレベーターに乗ったり、トイレで用を足すなど、どれも健康な時とは勝手が違った。今まで普通にできていたことが、できなくなっていた。川内さんはこれまでにない不便さと、非力さを思い知らされた。

日本は豊かな国だと教えられ、自分でもそう思っていたが、ひとたび病になると、他人の力を借りなければ生きていけないと痛感した。そして、この入院を機に自分の進むべき方向は、介護の道ではないかと考えはじめた。

高校を卒業したら就職しようかとも考えていた川内さんに、父は現実的な話をした。

「日本は学歴社会。ひどいときは高卒と聞いただけで相手にしてくれない人もいる。行けるものなら、大学に行って福祉の勉強をすればいいんじゃないか」

父は高卒であったが、自分で訪問入浴サービスの会社を起こした。だが、これまでの人生の中で学歴に何度泣かされたかわからなかった。そんな思いが、つい言葉になってしまったのだ。

父の言葉に川内さんは進学を決意し、上智大学の社会福祉学科へと進むことになる。期せずして、介護保険制度が施行される矢先であったが、介護保険制度の専門家が同大学にいたことも進学の動機となった。

大学時代はボランティアサークルに入り、肢体不自由や知的障害のある子どもたちが通う小学校でボランティア活動をするようになる。四年生になると、ボランティアサークルとは別の活動も開始する。

あるITベンチャー会社が大学生と協働し、老人ホームを紹介する事業を立ち上げることになり、インターシップ（学生が企業で研修生として働き就業体験をすること）の募集をした。この事業に興味をもった川内さんは、すぐに応募し採用された。

卒業までのつもりだったが、卒業後もその会社に就職してしまった。

ところが一年半ほどして、もっと広い世界を見てみようと考えた川内さんは、どうしたことか外資系のコンサルティング会社に転職する。倒産しかかった会社をいかに立て直すか、といった介護とはほとんど縁のないビジネスコンサルティングの世界だった。

毎日、深夜に帰宅する日が続く。そんな時、あらためて自分のあるべき道を考えるようになる。そして、やはり介護しかないと気づいた。

母がアルコール中毒に

ようやく介護への道を考えた頃、思いもよらない事態が起きた。

ケアマネージャーである母が、アルコール依存症になってしまったのである。日頃の疲れをアルコールでしか癒すことのできなかった母は、あたかもアルツハイマー病の症状に似た夜間の徘徊や暴力行為を繰り返した。

ひどいときには、川に飛び込んだり、全裸で事務所に寝てしまったり、クルマを運転してポンコツにしてしまう、といった異常行動を起こした。父はそんな母にできるだけ付き添うようにしていたが、会社のこともあって二四時間べったりとはいかず、ひとりにさせることもあった。

ストレスが溜まったのは父のほうだったのかもしれない。やがて、父は母に暴力をふるうようになる。

川内さんはこの頃、すでに実家から離れて暮らしていて、父母のこうした状況に当初気づかなかった。母の異常行動や父の暴力を目の当たりにしていたのは、じつは同居している弟たちだった。まだ高校生だった一番下の弟はとうとう家を出て行ってしまった。

家庭が崩壊する。そんな危機感が川内さんを襲った。

もはや母がアルコールを完全に断ち切るためには、入院させるしかなかった。いわゆる隔離病棟に泣く泣く母を入れた。そして父は、思いもかけない行動をとった。なんと母との離婚を決意したのだ。

何もかもが狂ってしまった。どん底に突き落とされてしまうようだった。介護でがんばろうと決めたのに、夢はついえてしまいそうだった。それでも介護の仕事をやっていこうと決めた以上、やめることはしたくなかった。

コンサルティング会社を退職していろいろな人と会ううちに、自分は介護の経験が少なく、現場をよく知らないことに気づき、父親の経営する訪問入浴サービス会社で修業させてもらうことにした。そして、介護者の家庭の中に入り込んでいった。

時には虐待した形跡が入浴利用者の体に見られたこともある。わが家と同じだと思った。ここでも同じことが起きている。それに対して、何もできないもどかしさを覚えた。そして次第に川内さんの中に、虐待に対してなんとかしなければならないという使命とも思える感情が芽生えていった。

虐待をなくすために

一カ月後、母は退院したが、アルコールがすっかり抜け正常な状態に戻るまでに一年ほどかかった。現在は施設で看護師としての職務に就いている。

この頃から、川内さんも自分の進むべき方向をあらためて見定めようと考えた。なんとなく思っていた介護だったが、「介護から虐待をなくすために」という明確な目標を掲げて、仕事に取り組むことにした。

「そもそも介護者の負担を軽くするために父は訪問入浴を始め、母は看護師になったんです。ふたりとも介護のことをよく理解しており、何をどうすべきか心得ているはずでした。しかし、そうした知恵を自分たちのために使うことはありませんでした」

これは認知症の介護者のうち、特に男性介護者が誰にも相談しないで自分でなんとかしようとする行動に似ていると川内さんは言う。

「暴力や虐待はけっしてふだんから仲が悪いから起きるのではなく、むしろ家族に対して愛情が強いという場合に起こるように思います。父と母がそうであったように」なんとかしなければ、家族がバラバラになる。どうすれば虐待をなくせるのか。虐待という大きなテーマが頭から離れなくなっていった。

市民活動「となりのかいご」

ひとしきり人生経験させられた二年間はあっというまに過ぎた。かつて父と母の爆ぜた日々は、今も脳裏に焼きついたままだ。しかし、そこにとどまっているわけにはいかない。訪問入浴の仕事を終えると、川内さんは「となりのかいご」という市民活動団体を立ち上げ、ひとつのセミナーを開催した。セミナー名は「介護殺人を食い止める一言を考える討論会」（二〇〇九年一月一八日）というもの。そして、それをまとめた冊子には「介護で家族を憎まないために」というタイトルが付けられている。

セミナーの冒頭で川内さんが述べた言葉がある。

「家族を大切にして一生懸命介護している人ほど、介護ストレスを溜めてしまっているんじゃないかと思いました。介護を受けている方のなかには戦争で苦しい体験をしてきた人たちもいます。厳しい時代を生きてきた人たちが、最後は家族から暴力を受け、つらい思いを抱きながら亡くなっていくことを、私としては見逃すことはできません。そんな思いから、こういう会を開催させていただきました」

セミナーの講師の中に実際に介護中の男性がいた。

本書の第3章で紹介している内田順夫さんである。内田さんは、アルツハイマーの妻を介護しているが、発症した当初は妻の暴力、その後は内田さんの暴力と、荒れた日々を過ごした。やがて妻の症状が悪化していくと、内田さんは会社を辞め、二四時間付きっきりの介護に専念するようになる。

妻への恩返しのつもりだったが、二度の大病を患い入院した。やはり付きっきりはこたえた。このままでは身がもたないと、介護者の負担を軽減する方法を内田さんはつくり上げていった。

川内さんは、こうした介護の工夫や考え方をできるだけ多くの人に知ってもらい、介護者の負担を軽くすることで、ストレスのない、虐待のない社会を目指している。

家族のケアに取り組むデイサービス

現在、川内さんは川崎市の社会福祉法人が運営するデイサービスの管理者およびスタッフとして働き、虐待防止のプログラム開発に力を注いでいる。

デイサービスに来てもらう場合、要介護者本人よりも先に家族が拒否するケースもある。本人よりもむしろ、家族のほうが施設に行かせたくないという気持ちがあるのも現実だ。

「施設に入れるのはかわいそうだ、私が何とかする」といった考えをもつ人は少なくない。

本人が施設に行きたくない、という理由のひとつは自分を病人扱いしないでほしいという気持ちのあらわれとも考えられる。家族の場合はもっと深刻で、利用者を物扱いするとか、虐待めいたことをすると思い込んでいる人もいる。体が元気なうちは、施設を利用させたくないという思いは多くの人がもっている。

「私たちのデイサービスは普通の民家を利用していて、あえてバリアーフリーでない仕様になっています。これは施設を嫌う利用者が、わが家のような気持ちで過ごしていただきたいと思っているからです」

認知症の初期には、体はいたって健康であることが多く、本来はこの段階で症状の進行を少しでも遅らせることが大切だ。しかし、多くの家族がまだまだ大丈夫だと思い込み介護サービスを利用せず、結果的に症状が進んでしまうことが少なからずある。

認知症患者に対するケアはある程度進んでいる。しかし、その家族に対してはあまり効果的なアプローチはみられないのが現実だ。家族へのストレスケアを行わないと、要介護者本人がストレスの矛先になってしまい、デイサービスで行ったケアの効果が半減してしまう。

これまで、こうした家族に対してケアマネージャーや専門家による効果的なアプローチがとられてこなかった。それだけ難しい問題だということだが、そこにあえて川内さんたちは挑戦しているのである。

川内さんのいるデイサービスを利用しはじめた、ひとりの要介護者Aさんがいる。Aさんがデイサービスを利用するまでには、自宅訪問による導入アプローチが川内さんたちのケアチームによって行われた。

Aさんと親しくなるために、スタッフはわざわざ自宅に訪問して家族とも親交を深めていった。それによってAさんはデイサービスに行くようになった。

デイサービスでは、Aさんが施設に来ているという印象を抱かないよう、さまざまなプログラムが用意されている。内容については後述する。

要介護者が家族に暴力をふるう

こうした取り組みはすべて虐待の予防につながると考えている川内さんだが、虐待は家族からだけではなく、利用者本人が家族に対して行うこともあるという。何かがうまくできなかったり、わからなかったりすると苛立ち、そのストレスを家族に向けてしまう。

この場合、ある傾向がみられるという。

「もともと穏やかで気持ちがしっかりしている人は、あまり暴力をふるうことは少ないようです。そういう人は症状の進行が緩やかなんです。だから、デイサービスでもおだやかで安定した精神状態を保つことで安心感を与えるようにします。そのために、一人ひとりに適したプログラムを実施します」

同じ要介護度の人でも、症状は違う。暴力をまったくふるわない人もいる。それは認知症が治っているわけではなく、症状が表に出ないだけだという。だから川内さんたちは、利用者それぞれの性格や育った環境をよく理解し、現在の環境の状況によってケア内容を使い分ける。

「この利用者さんは、そもそもどういう人なんだろう、何がしたいのだろう、といったアセスメント（評価表）づくりから始まり、それに対して私たちは何ができるか、ということを考えプログラミングしていきます」

個人の趣味や生活歴を知ることで、その人が何をしている時に一番楽しいと感じ、脳が活性するのか。そこをきちんと理解することでプログラムが効果的に機能するようになる。

麻雀で脳が活性

プログラムのひとつに麻雀がある。麻雀は脳の活性化にはとても役立つようだ。

「麻雀はまずルールを意識しながら行うゲームですから、脳をとてもよく使います。また、他人とのコミュニケーションも必要です。もちろんゲームですから楽しいという前提もあります。はじめからつらいと思ってやる人はいないでしょう」

麻雀をしている間、利用者の不安は消えている。マージャンという判断できる状況に脳がおかれているため、煩わしい不安感はとりあえず抑えられている。

「不思議なことに麻雀の片手間に、坊主めくりもできます。麻雀という安心軸があるから、もう一つ別のこともできるのではないかと思います。その場合、脳がとても活性しているはずです」

驚くべきことに、麻雀とともにできるのは坊主めくりだけではない。百人一首や音楽を見聞きすることもあるという。人によって違いはあるが、麻雀ができる人はある程度、多元的な脳の使い方ができるようだ。

たんに好きだから麻雀をするのではなく、ひとつのコミュニケーションツールとして取り入れる。そのゲームの間に、いろいろな言葉を投げかけ、脳の働きを促す。

「ドラを捨てるんですか？」

「リーチと言ったら、慎重になりましたね」

「いま順番来ましたね」

「モーパイできますか」

昔からやってきたことだから、麻雀をする能力はすでにもっている。ところが、認知症になると、なんで今麻雀をしているのかさえ忘れてしまう。自分の行動が瞬間的に理解できない状況になることもある。そこをうまく気づかせてやれば麻雀は十分にできるようになるという。

モーパイという言葉がある。指で触っただけで麻雀パイの種類を識別するという意味だが、脳は指先の感覚だけで必死でパイの種類を当てようとするから、かなりの活性化につながる。モーパイをすることで、本来もっている能力を目覚めさせてくれるのかもしれない。

昼間のこうした活動は帰宅後も暴力などの激しい言動を抑え、感情と行動を緩やかなものとし、睡眠にも良い効果がみられるようだ。それによって家族も穏やかな暮らしを保つことができるようになる。

気持ちを落ち着かせることで、本人から家族に対する暴力的な行動を抑えることが可能となることが、少しずつわかりはじめたのである。

事業として虐待防止プログラムを確立していく

デイサービスなどの福祉事業は市場経済とやや離れた感もある。しかし、社会性とともに計画性や開発能力といったビジネス感覚がなければ、発展や継続は危ぶまれるという川内さん。

「事業として継続していくためには、ワーカー（スタッフ）のスキルアップが大事になります。私たちは通常の身体介助、ケアを提供するつもりはありません。目的は虐待を防止して、本人と家族が安心して暮らせるようにすることです。そのために、一人ひとりにあったプログラムを開発し提供していきます」

川内さんたちが始めたこれらのサービスは、かつて自身で企画したセミナーからつながっている。

「介護者の意見を聞いているうちに、介護の問題があまりに深いということを実感しました。自分が私財を投げ打ってやってもいいが、それで社会の仕組みやサービスの内容を変えていけるだろうかと悩みました。まずは自分のできる方法でやるしかないと考えた結果、利用者が楽しいと思えることをやっていこうと思いました。

楽しいことをするときこそ人間は、幸せな気持ちになれます。それが継続の基本であって、そこを事業として考えていこうと思いました。楽しく歌を歌う、楽しく花を育てる、楽しく畑を耕すなど。楽しいことは人を巻き込みやすいですから」

全員を同じように扱う三〇人以上も利用者がいる大きなデイサービスとはちがい、個別対応が求められるため、事業の報酬単価は通常より高いという。それでも、まだまだ始まったばかりであり、スタッフの育成や利用者の誘導など、時間をかけなければできないことも多い。

しかし、介護保険制度はこれまで事業者にとっては規制を強めてきたとも言え、今後も報酬単価が下がることがないとは言えない。質の高いサービスをどこまで提供できるか不安だという声もある。

「事業者に対する規制を高めていくと、社会的コストも上がる可能性がある、ということを考えてほしいですね。ただの事業として評価するのではなく、虐待の防止につながることを理解してもらわないと、その重要性がわからないと思います。そのためにも早く自分たちが力をつけていかないといけないのです」

父母の暴力が発端となって、虐待防止を生涯のテーマと考えている川内さんは、個人プログラムから始まって事業の社会性、経済性までとらえた広い視野で虐待防止に取り組もうとしている。

「今、妻が子どもに与える無償の愛は、何物にも代えがたいものだと思いますが、その子どもから将来、妻が虐待を受けたとしたら、あまりにも悲しいですよ。そんなことにならないためにも、今なんとかしなければいけないんです」

この使命感にも似た揺るぎない意志は、父母の荒れた過去と、現在の平穏な家庭との狭間で必然に生まれた答えだった。川内さんは本気で社会から虐待をなくそうと考え行動している。

虐待問題に揺れる社会のなかで、汎用性のあるプログラムとして形にすることで虐待から多くの家庭を救おうとしている川内さんたちのようなワーカーがいることに、今後の介護社会に一筋の光明を見出す思いがした。

川内さんのアドバイス

デイサービスに行きたがらない人がいますが、私たちのところに来ている人たちの中で、デイサービスに来ていると思っている人はほとんどいません。仕事場とか集会所、あるいは雀荘に来ていると思っている方ばかりですね。だから家族の方もデイサービスとは言わず、仕事や集会に送り出すような言い方をされています。できれば認知症の方にはあまり施設とか、デイサービスと言わず楽しいことをする場に行くような言い方のほうがよいかと思います。家族の方は、利用者が施設で経験している楽しいことを知っておくとよいでしょうね。

第２章

先輩介護者のアドバイス

何でも相談できる介護者仲間たち

神奈川県海老名市で要介護者をもつ家族と介護経験者が集う「介護者の会」がある。その定例会が六月、地域包括支援センター（地域の保健・福祉・医療の向上、虐待防止、介護予防など総合的に行う機関）で行われた。

定例会では最近、介護者の会に入会したKさんに、先輩のベテラン介護者のIさん（女性）、Yさん（男性）、Oさん（男性）たちがいろいろとアドバイスをしている。

Kさんは、認知症の妻を介護する毎日。妻が七年ほど前から認知症を発症し、現在はデイサービスを利用しながら在宅介護している。Iさんは、義理の父母の介護を終え、今は自分の母を介護している。そして、YさんとOさんは介護を終えた経験者として参加している。

Kさんの妻の異常行動に気づいたのは、近所の友人でもあるIさんだった。介護経験の豊富なIさんは、それまでとは違う様子に認知症かもしれないと思った。やがて、ひとりで妻の介護をしはじめたKさんを見て、Iさんは「ひとりでがんばってもいいけど、仲間と一緒にがんばってみない」と入会を誘った。

入会当初は妻を一人にしておけないため、定例会に連れて来た。その後、Iさんたちのアドバイスでデイサービスに妻をあずけ、精神的に楽になったが、Kさんの不安はまだまだある。彼の悩みは多くの介護者がもつ悩みでもある。

近所の人との連携が大切

Ⓨさん――いつから奥さんは変だなって思うようになったの？

Ⓚさん――七年前に、あれっと思ったね。それで、総合病院の神経内科でMRIという写真を撮ってもらったら、どうも認知症じゃないかって言うんだよ。それ以来、少しずつ進んできてるね。現在は、要介護度四なんだ。

Ⓨさん――勤めとか日常生活はどうしているの？

Ⓚさん――私は今年の始めまで勤めてて、その間、食事などはヘルパーにお願いしていた。体は元気だから部分的に助けてもらうようにしていたんだけど、だんだんひとりにしてお

けない状態になった。遠出して帰ってこれない時もあったね。現在は週五日、デイサービスに行っている。家にいる時は洗濯物を干したり、食器を洗ったりさせて、できることはさせるようにしている。洋服を着たり、トイレをするのも自分でできるけど、ただ判断力は弱っているね。

Iさん——認知症にありがちな、衣服の重ね着や表と裏がわからないとか、他人のものと自分のものがごっちゃになるとか、そういうのはあるよね。

Kさん——そうだね、言われれば素直に直すし、それに反発することはないけどね。

Iさん——奥さんに話しかけたりすると、ちゃんと「こんにちは」と言うよ。でも、「あなたと会ったことあるよね」「あなたに会いたかったの」と言って私に抱きついてくるのよ。親しくしていた近所の家に行って、戸を叩いたりすることもあった。人が出てくればすごく嬉しそうに笑って……。

Kさん——今はデイサービスがあるから、気持ちが落ち着いたのか、それは少なくなったけどね。

Iさん——Kさんがいるときは素直でおとなしいんだけど、Kさんが仕事に出てて、奥さんひとりの時は誰かれとなく話しかけて抱きつくんだよ。それこそ郵便配達の人とか散歩している人とか。

Ⓚさん――もともと人なつっこいほうだからね。

Ⓘさん――もう、チュー、チュー、チューの嵐。初めての人はびっくりするよね。

Ⓚさん――そういう人ってほかにもいるの？

Ⓘさん――そんな明るい人はめずらしいんじゃない。近所の人も変な目で見てたけど、私は認知症だとわかっていたので、近所の人に見られても、できるだけ奥さんが変なふうに思われないよう接していたのね。やっぱり認知症のことを知らない人には変な人としか思われないから。

Ⓚさん――認知症の出はじめの頃は、女房はよくほうきとちりとりもって外で掃除していたね。そのうち出歩く距離が伸びて、遠くまで行くようになって……。

Ⓘさん――帰りがわからなくなることもあったわ。そのうち近所の人をつかまえては抱きついちゃう。これが毎日続いたの。寂しかったんじゃないの、奥さん。誰とでも仲良くなりたかったのよ。まわりの人も奥さんと同じ六〇、七〇代の人が多いから、自分を見ているようでつらかったのよ。それを受け入れるだけの理解がある人はいいけどね。

Ⓞさん――ある障害者施設に初めて行った時、ひとりの男性が僕を後ろから抱きしめたんだよね。しかもギューッと痛いほど。その男性は初めて会う人には必ずそうするんだって。強引に振りほどくと機嫌を損ねるから、しばらくそのままでいてくれって職員に言われた。

しばらくしたら、その男性は手を放して、今度は僕に握手をしてきた。それで気が済んだのか、どこかへ行ってしまった。

Ⓘさん――人間は抱きしめるのが本能としてあるのかもね。在宅介護の場合、近所の人との関係があるから難しいけど。

Ⓨさん――近所の人といえば、うちのお袋も徘徊したんだけど、ある日、気づいたらお袋がいなくなって、一時間くらい探しまわったんだよね。それでも見つからないから、まさかと思って隣の家をのぞいたら、家の中に入ってお茶をごちそうになってんの。なんだよ、早く教えてくれよって思ったね。だから近所の人とどう連携するか、すごく大切なことだと思うね。

先の先まで考えるから不安になる

Ⓚさん――介護していると不安なことばっかり。だから、こういう会に入ってアドバイスを受けられるので助かるよ。話を聞いてくれるし、悩みを打ち明けられる。

Ⓘさん――ここならみんな理解してくれ、うちも同じだったよって言ってくれるからね。愚痴とか言っても聞いてくれるから。施設のことや介護の仕方なんか、こういうふうにし

たらいいよとか、細かく教えてくれる。

Ⓨさん――ひとりでいると、先の先まで考えるから不安になるんだよね。期限がないから、介護は。

Ⓘさん――変な言い方だけど、癌だったら、あと何年の命だって言われるよね。そのほうが覚悟はできるんじゃないかな。とにかくその期間だけがんばろうって思える。でも介護はいつ終わるかわからない。ずーと不安だよ。えんえんと続くほうがつらいわね。

Ⓚさん――終わりはないんだね、介護は。だから全力で看るってことができないんだな。

Ⓘさん――もしかしたら自分が先に逝って、相手がひとり残っちゃうなんて考えたりするのよ。七〇歳過ぎてきたら考えるわよ、みんな。自分が認知症になったらどうしようかと。男の人は、勤めに出ているから地域の人とは表面的な付き合いでしょ。だから介護が始まっても相談できる相手も少ない。地域に溶け込むことなく、家事とか急にしなければいけなくなるから、パニックになるんだと思うよ。

Ⓨさん――カレーライス作るにも、何と何がいるのかピンとこないんだよね。スーパー行って何を買うかよくわからない。家に帰ってきて、もう一度買い物に行くこともあるよ。

Ⓚさん――今でも女房もカレーとか作るけど、下ごしらえとか段取りができなくなってる。煮るにも火加減がわからないので焦がしちゃうんだよね。判断力がないっていうのかな。

介護費用のこと、施設のことを相談

Ⓨさん――ところで、奥さんの介護にかかる費用はどのくらい？　デイサービスとショートステイが主にかかる費用だよね。

Ⓚさん――うちの女房は要介護度四なので、保険の利用限度額は月に三〇万円くらい。介護保険だから一割負担でしょ。そうすると実質的に私が払っているのは月に二、三万円。限度額を超えると、超えた分は自己負担だけどね。

Ⓨさん――抑えてるほうだよね、うちもそのくらいだった。デイサービスで二万円くらいにして、あとはショートステイを組み込んで、月に一、二度泊まらせていたかな。

Ⓘさん――要介護度四というのは認知症がかなり進んでいるということでしょ。その上（最高が五）は寝たきりしかないから。もっと施設を利用するのであれば、介護保険以外に各市がそれぞれ別に用意した援助があるので、それを利用するといいわね。これも一割負担なので助かるよ。一度、ケアマネージャーに相談してみるといいんじゃない。

Ⓨさん――施設は高いしね。年金だけじゃ無理だよね。

Ⓚさん――Yさんのところの収入は年金だけ？

Ⓨさん――そう。二カ月に一回年金入るけど、月にすると一三万円くらいかな。これだと施設に入ることもできない。

Ⓚさん――施設に入れるとしたら、保険を限度額まで使い、不足分を自分で払うようになるの？

Ⓘさん――ちょっと違っていて、介護の費用は保険が使えるけど、食事や居室費などは自己負担なの。居室もいろいろある。これも介護度によって市が補助してくれるけど、金額の枠があるから施設に聞いてみるといいわね。施設によって違うこともあるから。

それと特別養護施設はずっと入居できるけど、それ以外の施設は期間が決められていることが多いから注意して。老健などは三カ月間施設に入って、一度在宅に戻って、また別の老健で三カ月というふうになるから。しかも予約制だから、早めに予約をとらないと在宅が長くなるわね。そんな計画もケアマネージャーに相談してスケジュールを組んでもらうといいわよ。

緊急を要する人は早く入所させてくれることがあるみたい。容態が良くないとか、虐待を受けているとか、身内がいないとか、そういう人は何百人待ちであろうが、優先してくれると聞いてるよ。

Ⓚさん――そういう事情に詳しいのはケアマネージャー？

Ⓘさん——包括支援センターかな。地域のことをいちばん知っているからね。うちの市にも六カ所ほどあるよ。Kさんの近くだとA病院の近くかな。

Ⓚさん——そうそう、そこの先生がケアマネージャーを紹介してくれたよ。

Ⓘさん——地域包括支援センターとかケアマネージャーには、なんでも相談していいからね。不満があればケアマネージャーを交替してもらうこともできるし、問題があれば病院だって施設だってヘルパーだって変えられるんだから。施設を選ぶ時、まず奥さんがどこの施設に合うかということを考えてね。言われるままとか、我慢することはないから。

施設は全国どこでもあるんだから、そこだけしかないなんて思わないこと。世話になっているからとか、嫌われたらどうしようとか思わないでいいの。

Ⓞさん——われわれは高い介護保険を払ってんだよ。ケアマネージャーは利用者がいかに快適に過ごせるか考えるのが商売なんだから。施設と利用者の間にたって、ちゃんとものを言えるのがケアマネージャーなんだよ。

Ⓘさん——ケアマネージャーだって、施設の内情がわからない人もたくさんいるから。パソコンで調べて空きがあるとかないとか、その程度の情報しかもってない人も多い。だから、自分の目で確かめることが大切。たとえば、廊下が広いとか、非常口に物が置いてないかとか、増築を繰り返して迷路みたいな室内とか、いざというときに避難しやすいかと

か、そういうことも考えて選ぶべきよね。

認知症でも赤ん坊じゃない

Ⓨさん――介護してくれる職員もいろいろだよね。うちのお袋は名前がきよこというんだけど、職員が「き・よ・こ・ちゃーん、いーきましょうー」って言うんだよ。それを聞いてがっかりしたことがあったね。

Ⓚさん――うちもそうだよ、女房のことを「○○ちゃん」と呼ぶことがある。それを聞いて、違和感を感じたね。

Ⓨさん――感じた、感じた。だから言ってやったよ、そんな呼び方止めてくれ！って。

Ⓘさん――そんな時は絶対言うべきよ。

Ⓨさん――いくら認知症でも赤ん坊じゃないんだから。

Ⓘさん――ただね、認知症の場合、名前のほうが本人にわかりやすいというのはあるよ。特に女の人は結婚して姓が変わるでしょ。認知症は現在から過去に向かって記憶が薄れていくから、その姓が元の姓に戻っちゃうことがあるの。うちの祖母も今の姓で呼ばれても「私は小島です」と言い出すんだよね。そういう人には苗字ではなく名で呼んだほうがわ

かりやすい。でも、気持ちの中では、介護する人が老人に対して尊厳をもっているかどうかなんだよね。それは介護されている人にもわかっちゃう。

Ⓨさん――そうそう、わかってるんだよ、馬鹿にされてるって。だから母も「はーあーいー」っておどけて答える。相手は愛情の表現かもしれないけど、表面的な愛情はすぐに見破られるよ。

Ⓚさん――幼稚園じゃないんだからね。そんなことがあると、介護やっててつらくなるよ。これからどんどん病気が進んで、オムツ交換とか便の処理とかもあるかもしれないし、不安だよ。

最後は誰かが面倒みてあの世へ行く

Ⓞさん――家内のオムツ取り替えてるとね、なんでこんなことやってんだろなー、なんて最初は思ってたよ。家内は四時間おきにオムツを取り替えなきゃいけないんだけど、ある日、オムツを取り替えてみたらぜんぜんオシッコした形跡がないんだよね。こりゃ、楽だって思ってたら、その次も、その次もなくて、変だなーと思って医者に電話したら、すぐに来てくれたよ。そうしたら、このままだと尿毒症になるっていうんで救急車呼んで入院

したの。それから二日間も尿が出なくて、不安で不安で。それでようやく尿が出たんだけど、尿の量を測ったら規定の量に達しているから大丈夫だって言われたのよ。あの時は嬉しかったね。それからだよ、オムツ交換が嫌じゃなくなったのは。あー、よく出てくれたって思うようになった。

Ⓨさん――うちもね、四日間もウンチしないとさ、仕方がなくて下剤飲ませた。排便した時は、あー出てくれたって思った。

Ⓘさん――下剤でも出ないと、ビニール手袋して肛門に指を突っ込んでかき出すんだよ。うちのばあちゃん毎回便秘だったから。下剤も効かないし。トイレに座らして、「はい、ウンチ」と言うと、「はーい、がんばりまーす」って返事だけ。でもウンチは出ないのよ。そうかと思ったら、トイレ座る直前にドバーっと出しちゃう。排便のコントロールはたいへんだったよ。

Ⓚさん――介護やってると、人間てのはどうなるんだろうって思うよ。これじゃ生きがいじゃなく、死にがいかってね。何のために人は生まれてくるんだろうね、まったく。

Ⓞさん――そうじゃないんだよ。人は誰かが最後は面倒みてあの世へ行くんだよ。昔からそうやってきたんだ。ここに来ている人はみんなそうだよ。

Ⓚさん――そりゃ、そうだけど……

Ⓘさん――でもね、一週間ぶりにウンチ出てくるの見ると、「やったー」と思うよ。汚れるとか臭いとか、もうぜんぜん関係ない。喜びのほうが大きいから。

Ⓨさん――そう、不安なこと一気に吹っ飛ぶ。

Ⓘさん――そういうことがあって工夫とかするようになるよ。そろそろ来るなと思ったら、オムツ敷き詰めて排便させれば、全部吸収してくれるから汚れないとか。私、母と父を同時に看ていたからね。工夫しないと手間ばかりかかるでしょ。

Ⓞさん――排便とかオシッコとか、本人は出したいのに出せないんだよ。そんな苦しい姿を見てられないよ。かわいそうだろ。だから介護するんだよ。

認知症でいちばんつらいのは本人

Ⓚさん――介護していると、どうしても先のことを考えるんですよ。認知症は寿命が縮むとか言うでしょ。

Ⓞさん――二〇年も三〇年も介護しているとね、本人だってつらいんだよ。認知症だからわからないなんて思ったらとんでもない。いちばん苦労しているのは介護されている本人なんだよ。介護している人はあくまで補助、苦しいのは本人。だからよほど家内のほうが

たいへんだったと思う。まして、自分の旦那に介護させたいなんて誰も思わないよ。僕らの介護なんてそれほどつらくはない。

Ⓘさん――年齢もあるよ。五〇代と六〇代では五〇代のほうが楽だよ。Ｋさんは七〇代でしょ、そりゃ体力的にもぎりぎりだよね。だから半分自分で看て、半分は他人にまかせることも考えていいと思う。余裕ができれば相手にもやさしくなれる。

Ⓚさん――ここでみんなと話しできるのも、デイサービスに女房をあずけているからなんだよね。

Ⓘさん――前回は、ここに奥さん連れてきてたからね。いつもぎりぎりじゃ身がもたないよ。

Ⓚさん――肉体的よりも精神的苦痛のほうが大きいね。将来に対する不安もある。

Ⓞさん――先を考えると不安になるのは当たり前。だから今の時点をどうするかだけを考えたほうがいい。余計なことを考えないこと。今は奥さんのことだけでいい。自分が将来どうなるかなんてわからないんだから。

Ⓘさん――ふたりも介護しているとね、もうくたくたになるよ。だから介護が終わった時はどんなに楽だろうかって思ってた。いつ自分が逝ってもいいやって感じね。でも、まだ自分の母がいたんだって気づいて、まだ死ねないと思った。母より先に逝けないってね。

Ⓞさん――何もなくなったらバカになっちゃうよ。とにかく、がんばれとは言わないけど、気を抜きながら奥さん大事にしていってよ。

Ⓨさん――困ったことがあったら「介護者の会」に相談すればいい。みんな苦労してきた人ばかりだからさ。

Ⓘさん――まあ、あまり気負わないで、がんばらないでいこうよ。

Ⓚさん――そうだね、なんとかやってみるよ。

●男の介護者が集う「オヤジの会」

東京都荒川区に男性を中心に介護者が集う「オヤジの会」がある。妻や両親を介護している男性介護者の会の先駆けだ。男同士なら気持ちが通じ合えるようで、四〇代から八〇代まで幅広い年齢層の男性介護者が参加している。すでに設立から一六年が経ち、今では女性会員の姿も見られる。ここでは、二〇一〇年八月の定例会での様子を紹介したい。各自の困っていることや日常の出来事といった近況が話し合われた。

献身的に妻を介護する男たち

――では、おひとりずつ近況などを話していただけますか。

Aさん―― 妻が特養に入って三カ月が過ぎました。病院に入院している頃はときどき熱を出していたんですけど、特養に入ってからはそれがなくなって助かってます。

それで本人も安心したのか精神的に楽みたいで、見舞いに行くと、からだ大丈夫？　けがしてない？　と、こっちを気遣ってくれることもあります。ただ、体調によって言うことがズレていたりしますけど。まともなことを言ってくれた時は嬉しいですね。私はひとり暮らしになったけど、明るく玄関を開けることができます。

三カ月しかたっていないけど、できるかぎり顔を見に行って、私の手で一日一回食事を食べさせるようにしています。それは病院に入院していた時から続けていることですので、この先どうなるかわからないけど、やり続けようと思います。

Bさん―― 認知症の女房の介護をはじめて三年半になるけど、毎日毎日どこに行くのとか、何するのとか、質問ばかりして困ってる（笑）。

今日もオヤジの会に来る時もそう。とりあえず施設にあずけてきたけどね。最近は携帯電話を首からぶら下げて持たせているよ。連絡さえとれれば、自分がついていなくてもいいと思うようにしている。

たまに下着の着替えがうまくできなくて、パンツを二枚同時にはいたり、ブラジャーをつけられないで考え込んでいることもある。また、片付けもできなくなったので、きれいにできなくてもいいから洗濯物の片付けは妻にやらせて、あとで私がやり直すようにしているんだよね。

この夏は猛暑が続いて食欲も落ちたので、梅干を砕いて冷たいお茶漬けにして食べさせるとけっこう食べるね。ふだんはあまり食べたがらないので助かるよ。

それから、いろいろなものをあちこちに隠すので、大事なものは鍵をかけてしまっておくようにしている。どんな時も文句は言えないんだな。言うとたいへん。大声で怒るし、物は投げるしで、なだめるのに時間がかかる。そうするとこっちも、ついついいじめたくなる（笑）。

でもね、なだめる方法がひとつだけあるんだな。アイスクリームかチョコレートを食べさせるとね、すっかり機嫌がよくなってケロっとしているよ（笑）。

それから魚は、鰯とか骨がある魚は口に入れたとたんに吐き出してしまうけど、シシャモだと平気で丸ごと食べちゃう。不思議だよね。ほかの魚はダメだけど、どういうわけかシシャモは大丈夫なんだよね。

まあ、そんなふうに面白くやってますよ（笑）。

Cさん――介護の話じゃないんですけど、全国で一四六人（八月一八日現在）の方が熱中症で亡くなってます。荒川区でも四人が亡くなりました。

熱中症の予防についてですが、外では帽子を着用すること、部屋に直接陽が差し込まないようカーテンやすだれで防ぐこと、それとエアコン活用ですが、これは老齢の方はエアコンをつけないで、窓を閉め切って寝てしまい、死んじゃう方がいますので十分注意してください。それからこまめに水を飲むこと。あと、栄養不足は脱水症状になりやすいので、三回の食事をしっかり摂るようにしてください。お酒は水分補給にならないので注意してください。

Dさん——九〇歳の父親がいたので介護の準備はできていたんですけど、少し前に女房が自転車で転んでしまい圧迫骨折した時は慌てました。

病院に行ったら部屋がないと言われ、女房も家に帰りたいと言うんです。そうなると在宅介護しないといけない。結局、一カ月以上介護しました。ただ、現在も圧迫骨折で体が曲がっているんです。それは治らないと言われ、あきらめていますが、それでも女房は今日も盆踊りの準備で朝から出かけてますので、それなりに元気でやってます。

Eさん——私は一八年前に心臓と脳をやられまして、その時看病してくれたのが女房でした。その後、女房が病に倒れ、今度は私が女房を四年半ほど介護しました。その間にケアマネージャー、介護福祉士、医者と、あらゆる人と仲良くなって、意思の疎通ができたのが良かったと思ってます。その女房にも三年前に先立たれてしまいましたが、これまでの経験や知識を生かしていければいいと思っています。

母の入院費が月に五〇万円

Ｆさん（女性）――高齢者福祉課のＦと申します。八年前にもオヤジの会に出席したことがあるんですが、その時から思うのは、男性介護者は真面目だということです。きちんとやろうとされるんですね、みなさん。マニュアルどおりにやらなければいけないと思っていらっしゃる。

オヤジの会でいろいろな話をされる男性介護者を見ていて、たいへんだなって感じました。そういう人たちにとってオヤジの会は息抜きの場所になっているのかなと思います。

Ｇさん（女性）――毎回、ここに来るのが楽しみです。九四歳の母が療養型の病院でお世話になっていますが、入院日数が増えてきたので、そろそろ退院してくれと言われないかビクビクしています。荒川区内の施設に入所を申し込んでいますけど、順番を待っている人がすごく多くて、いつになるかわからない状況です。

わが家の収入は母の入院費にほとんど消えていきます。月五〇万円までは行かないまでも、かなりの金額でなんとかならないかなと思っています。自分が将来介護される側になった時、子どもたちがそんな費用を出せるわけないと思いますし、この先いったいどうなるんだろうって不安になりますね。空恐ろしい老後が待っているのかなという気がしています。

Hさん(女性)――訪問ヘルパーのHです。いろいろなご家庭に行きますと、認知症の方の中には、〝俺はいつ死ぬのか〟といつも同じことを質問される方がいらっしゃいます。人間はやっぱり、どんな状態でも生きたい、生き続けたいという意思をもっているのだとあらためて思い知らされます。

私は、その〝生〟をわずかばかりサポートしているんだ、と単純に考えるようにしています。そうすると自分の仕事が少し気軽にできるようになりました。介護しなければならないと気負わず、あるがままを受け止め、対処していくと介護の重さが少し軽くなるように思います。

Dさん――ヘルパーさんとは相性というのがあるんだよね。これはもう、どうしようもない。私の父親がそうだったんだけど、絶対拒否する相手がいたね。

Hさん――そうですね、そういうことがあるかもしれませんね。

介護者は芝居上手になれ

Iさん―― いつもここに来て、みなさんの話を聞いてると、私もがんばらなきゃと思いますね。うちの場合、女房が両足を手術して、目も白内障ですから、トイレなども手を引いてなんとか連れて行ってる状態です。

自分も歳のせいか、いつまで介護できるかわからないけど、息子夫婦がいるので、食事など作ってくれ助かってます。最近、息子の嫁が介護福祉士の資格をとったので、いろいろアドバイスして支えてくれています。

私は現在、八五歳ですが、このままいくと介護される日も近いかなと思います（笑）。みなさんの話を聞いていると、自分が介護されないように気持ちをしっかりもってやっていこうという気になります。

Jさん―― 現在、要介護三の認知症の母を介護していますが、体が元気なのであまり病気とは思えないんです。いつも母は田舎にいた頃と現在とがごちゃまぜになっていて、何かというとすぐ実家に帰ると言い、出て行くこともあります。今の家は自分のいるべき場所だとは思っていないんです。そういう母と一緒にいると苛立ちが少しずつ積もって、ときどき爆発したりします。
よくやるのは、いろんな物を投げつけることです、母にではなく、壁とかドアにですけど。いつ新聞沙汰になってもおかしくないだろうって思います。
自分の感情がどうなっているのか、よくわかりません。母がいなくなると、やさしくしてやらなきゃと思うんですが、実際に目の前で「実家に帰る」とか言われるとキレちゃうんです。難しいですね、感情のコントロールは。

Dさん――うちはね、外鍵とは別に内鍵もかけてるよ。鍵がないと中から開けられないようにして、勝手に出て行けないようにしてるよ。

Jさん――うちも内鍵してますが、窓から出て行くこともありますね。

Dさん――窓にも内鍵は付けられるから。天井付近の見えないような所に取り付けるの。うちなんかベッドをくっつけて寝てるのに出て行ったからね。そーっと行くんだよ、こっちはぜんぜん気づかない。何だろうね、認知症って（笑）。

Jさん――最近は母がなかなか寝ないので、夕飯の後に散歩に出かけます。三〇分くらいするとヘトヘトになるので、その後はけっこう寝てくれますね。

Bさん――うちなんか車椅子だけど、散歩から帰ってきても家に入ろうとしないんだよ。違う、ここは自分の家じゃないって言ってね。引っ越したのがよくなかったのかな。そういう時は、わざと携帯で電話しているふりをして、「今日は、泊まっていけって言ってるよ」と芝居する。そうすると家に入ってくれるんだよね。

Jさん―― なるほど、芝居上手になれということですね。

一般の人の介護保険への誤解

Kさん―― 要介護四の母が夏になると外に出たがらず、病院にも連れて行けなくて、なんとかせっついて行かせています。先日は墓参りに行って押し車でもってずいぶん歩いたのですが、その反動で数日間寝たきりになってしまいました（笑）。

私には弟がいるんですけど、肥満なのでそれだけは改善しようと思っています。母親が太ってて転んでしまうとたいへんなんです。弟が太ったまま老後を迎えるとまずい状況になるので、最近は週二回くらい公園を走らせています。体重は七〇キロ切るくらいですので、介護保険受けられるくらいまでに六〇キロは切ってもらおうと思ってます（笑）。

そういう私も何か運動しないとまずいなと思っていまして、健康だけは意識して守っていくようにしています。

Lさん―― ある友人が、介護保険をかけていれば限度額無料で介護してもらえる、と言うんだよね。介護保険は介護度によって保証される金額も違うよね。限度額があるから、週二回しか僕はヘルパー頼めないって言ったら、毎日頼めばいいじゃないかって、そう言うの。僕がそれはできないよと言っても、わかってくれない。保険さえかけておけば、すべて無料で看てもらえると思っているんだね。

つまり、そういうふうに考えている一般の人がけっこういるということだね。以前もあったけど、介護保険なんてバンバン使ったほうがいいんだよ、という人がいたよ。そんなことしたらお金かかるよ、と言ってもわからない。保険さえかけておけば将来、無料で介護してもらえると信じているんだね。

Nさん(女性)――私は訪問看護師をしていますが、完全にその人たちは間違っていますね。介護保険を使う時は一割負担。無料ではありません。

Aさん――今、介護保険を悪用した振り込め詐欺が流行っているそうですので、万が一そういうことにならないよう十分注意してください。

Dさん――介護保険の認定制度そのものを見直そうと、厚生労働省に申し入れした家族会もありますね。

認知症は説得より納得させること

Ｍさん—— みなさんの意見を聞いていて、奥さんに対する愛情をたっぷり感じましたが、残念ながら私、ずっと奥さんがいません（笑）……。

私の場合、継母を介護しています。Ｊさんは実母を介護されてますよね。実母の場合、ちょっと距離をとる必要があるのかと思います。実の母と息子は微妙な関係にありますので、介護保険でもある程度ドライに考えて、使うところは使うようにしていかないと滅入っちゃうのかなと思いますね。

私の実母は一三歳の時に亡くなってしまいまして、それから継母との関係なんです。実母だったらどんなふうに介護したかなと、考えることがありますね。

Ａさん—— 大丈夫、まだ結婚できるよ、Ｍさん（笑）。

Ｍさん—— がんばります（笑）。

Ｎさん—— いろいろな会社の健康保険組合が集って健康講座や介護講座を開催していますが、そこに私も講師としてよく呼ばれるんです。講座の内容で要望が高いのは認知症のことです。

講座の中で介護経験者に話をしてもらうことがあり、オヤジの会のKさんと千葉の男性の方に話をしていただきました。千葉の方は事前に資料をつくってこられ、何年に奥様が発症し、進行していったかをきちんと時系列で話されました。

先ほどの男性の方々もそうですが、本当にこと細かく対応してやさしいなって思います。ある男性介護者なんですが、施設に入所している奥様の様子を毎日見に行って、ご飯を食べさせたり世話をするそうです。施設で全部やってくれるのだから、行く必要ないんですけど……。なぜ、そんなに見舞いに行くのか訊いてみたら、「自分のために行く」と言われました。「女性の介護は仕返しの介護、男性の介護は償いの介護」とよく言いますが、奥様に苦労をかけた償いなのか、まさに自分のために毎日、奥様のもとへ行かれるんだなと思いましたね。

認知症の介護で大事なのは、説得より納得。いくら、ああだこうだと説明してもわからないんです。本人が納得するようなことを言うとなんとかなります。

私の父も認知症でたいへんでした。とくにリフォームしたらトイレの場所が覚えられないんです。ある朝、玄関にアリがいっぱいたかっているので何かと思って見たら、どうやら父が玄関でオシッコをしたらしいんです。糖尿病だったのでオシッコの糖分にアリが集まったんですね。その次はお風呂でしていました（笑）。トイレもそうですが、何よりその家が自分の家とは思えないようでした。

外出から家に帰ってきても、自分の家じゃないと言い出すので、もう一度外に出てしばらく歩いて再び家に帰ってきて「ただいまー」と私が言うと、今度は自分の家だと思い、「やっぱりうちはいいなー」と言ってましたね（笑）。

私が看ている人に青森出身の方がいまして、その人がよく青森に帰ると言うんです。そこで私は、青森にいる甥に電話するふりをして、「今日迎えにきてもらえる？　今日はダメ？　明日ならいいんだね」と本人に聞こえるように言ったりします。そして、「明日ならいいみたいだから、明日迎えに来てもらおうよ」と言います。そういうと本人は「わかった」と言ってくれます。

要するに本人が納得するような対応の仕方が大切なんです。本人が黒と言えば、赤でも黒なんです。

それから、先ほどBさんが言われたように、認知症の人は甘いものを好む人が多いみたいです。チョコとかアイス、あるいは饅頭とか鯛焼きなんかも好きみたいですね。機嫌が良くない時に甘いものを食べさせたら、とたんに良くなったということは、よく聞きますね。

オヤジの会で介護仲間をつくる

Oさん――今、私は看護学校で看護師の指導をしています。この会ではいちばん若い……といってももうすぐ四八歳ですが（笑）。私は三〇代の頃、父母が亡くなりました。その時は独身で兄弟もいませんでしたので、自分が死んでも誰も悲しまないし、困らないんだと思いました。そうすると無性に悲しいというか、むなしいんですね。それで精神的にかなり落ち込み、死も考えました。

アメリカで七〇〇〇人の人を九年かけて調査したあるデータがあります。これは「知人の多い人と少ない人の死亡率の比較」といったもので、知人の少ない人は多い人に比べて死亡率が二・五倍も高くなっています。*

だから、ずっとひとりでいる人は月に一度でもいいから家族や知人に会って会話する必要があると思います。要するに、こういう会に出席するっていうのは、それだけで元気になれるし長生きできるんじゃないかと思うんです。

私、女房に「お前がいるから生きていける」と言うんです。やっぱりひとりじゃ生きていけないですよ。介護が終わってひとりぼっちというのが、いちばん危ない。

Bさん――僕はね、なんで川崎からわざわざ荒川区のオヤジの会に来てるかというと、男性の会だからなんだよ。川崎にも介護者の会があって参加したけど、女性ばっかり。何か異物って感じで見られて言うこと言えないいんだよね。

この会だと酒のみながら話せるし、遠慮なく何でも言える。その会にもよるけど、相性が悪いと行く気がしない。男は特にそれがあると思うよ。

Mさん――男性と女性は違いますからね。男にしかできない話とかありますし、下ネタとか（笑）。ひとりで悩んでいる人がいたら、ぜひオヤジの会に参加してほしいですね。

――まだまだ話はつきませんが、午後九時になりましたので、一度お開きにさせていただきます。まだ話したい方は一〇時まで大丈夫ですので、ごゆっくりどうぞ。ありがとうございました。

＊アメリカの学者Ｊ・Ｆ・バークマンとＳ・Ｌ・サイムが一九七九年までの九年間に行った調査によれば、社会との関わりが少ない人の死亡率は、関わりを多くもつ人の二・五倍も高いという報告がある。調査は、結婚しているか否か、家族や友人との接触頻度、教会への参加、なんらかの団体への参加という四つの視点で実施された。

第３章

不良介護の
すすめ

～介護で自分がつぶされないために

介 護 者・内田順夫さん（73歳）
要介護者・妻（73歳）

内田さんの自宅に初めて訪れる人は、誰もが驚くだろう。きれいに整頓された玄関には、内田さんが描いた油絵が掛かり、そこから続く室内の壁にも絵が待ち受ける。そしてリビングには、品のいいソファとリビングボードがあり、若かりし頃の内田さん夫婦の写真や、介護する内田さんの写真が並び、微笑ましく映る。

壁面には妻・好子さん手作りの人形がそれとなく飾ってある。全体的にアールデコ風の調度品がそこかしこに見られ、洋風な落ち着きある室内となっている。

リビングは好子さんのベッドがある部屋とつながり、仕切りは何もない。だが、そこには介護生活の影はあまり見られない。唯一リフト付きのベッドがそれを思わせるが、それがなければセンスのいい室内雑誌に登場してもおかしくない。

いったい、どのようにして内田さんは、こんな空間をつくることができたのか。もちろん部屋づくりの話ではなく、介護に追われる日々の中で、そんな気持ちのゆとりをどのようにつくっているのかだ。

1 壮絶な介護の日々

妻が認知症に

内田さんの妻・好子さんは、一九九二年頃から認知症の兆候があらわれるようになった。内田さんは当時、会社の一社員として、仕事中心の生活を送っていた。その頃の社会では、認知症への理解はほとんどなく、多くの人がそうであったように内田さんもまた、初期の異変をそれほど深刻にとらえてはいなかった。

内田さんと好子さんは、小・中学校をともに過ごし、互いの家に行き来する間柄だった。やがて二人は結婚し、好子さんは専業主婦として内田さんを支えた。

ほとんど喧嘩をすることもなく、仲良く暮らしてきた二人だが、内田さんの仕事はハードそのもので、海外出張も多く、夜も昼もなく働いた。

家に帰らない日も多く、帰ってきたかと思うと部下を引き連れ、好子さんを困らせた。それでも文句を言うことなく、酒の肴をてきぱきと作りテーブルに並べる。そんな生活が何年も続いた。

仕事の重みが増していく内田さんだが、その一方で、好子さんのほうは一人で過ごす時間が増えていった。

「本当に寂しい思いをさせてしまった」

そう言って悔やむ内田さんだが、その代償はとても大きなものとなってしまう。

初期の頃は物忘れをしたり、ふさぎ込んだり、あるいは突然泣き出すなど情緒不安定な症状がみられた。こうした症状を更年期障害の一種と思った内田さんは、心療内科で診てもらうことにした。何度か診察した結果、原因がわからず精神神経科に行くよう勧められる。

内田さんは、友人でもある東京大学の精神神経科（部長）の医者に相談した。すると彼は、アルツハイマーかもしれないと言う。言葉そのものは知っていたが、それがどういう病気であるのか知る由もなかった。

その時の医者の言葉は今でも記憶に残っている。

「アルツハイマーは、初期症状として、記憶障害、情緒不安定などの異常行動が二、三年ほど続く。それから暴力、歩行困難や失禁、失語、寝たきりなどの高度な障害へと進む。こうした症状が七年ぐらい続く。その後は本人が持って生まれたもの次第」

そう言われた内田さんは、

「治療法はないのか?」と尋ねた。

「残念だが、今はない。入院しても治らない」と医者は言った。

当時は専用の薬もなく、治療法はほとんどなかった。

現在、βタンパクという物質が脳に増えてくるとアルツハイマー発症の危険性が高くなるなど、原因がわかりつつあるが、これといった治療の決め手はまだ確立されていない。あれから二〇年ほど経っても、有効な薬も治療法もないという現状から、アルツハイマー型認知症がいかに難しい病気であるかがわかる。

恨む、憎む、あきらめる

その後、自宅での介護以外はまったく考えなかった内田さんは、好子さんの面倒は土日以外を住み込みの家政婦に依頼し、自身は仕事に出かけるという毎日を送るようになる。

ある冬の日の朝、目を覚ますと好子さんの姿がなかった。徘徊だと直感した。着せるものを取り揃えて、家を飛び出し、周囲を探しまわると、好子さんがパジャマのままで徘徊していた。出勤時間が迫っていた。着る物を着せ、あとは家政婦にまかせると、あたふたと内田さんは会社に出かけた。

「今から思うと、会社が僕の逃げ場だったのかもしれない。そのまま妻といたら、どうなっていたか。精神的にもたなかったように思う」

さらに好子さんの症状は、物忘れや情緒不安定、徘徊といった段階を超え、暴力へとエスカレートしていった。内田さんと家政婦にはアザが絶えないようになり、ときには内田さんは手を上げることもあった。

その後、所かまわず便をしたり、妄想、不眠が起こり、夜も寝かせてくれず、多くの介護者が最も苦しむ段階を迎える。その結果、内田さんは大きな病にかかり、二度も入院してしまった。

「泥沼状態で、どうしたらいいかわからなかった。本当は病気を恨むべきなのに、本人を恨んでいた」（図1）

介護保険もなく、認知症の施設やデイサービスもない時代である。在宅介護のストレスはピークに達していた。ところがアルツハイマーは、妻の体も精神も障害をもたらしはじ

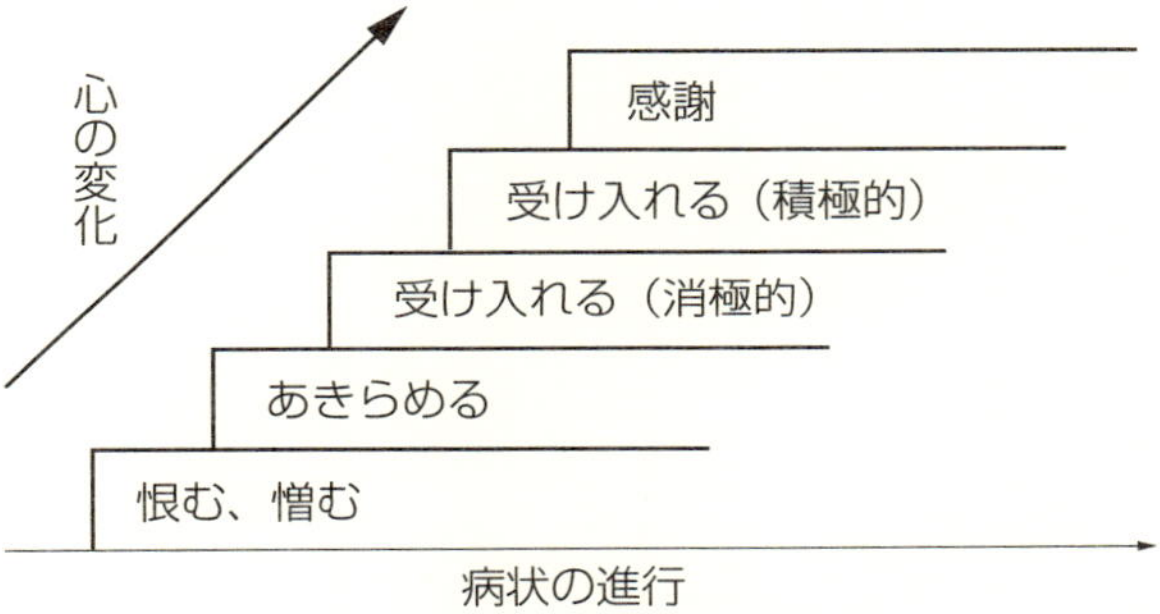

図１　介護者の心の階段

め、歩くことや話すことを困難にした。

　幸か不幸か、暴力的な行動が弱まると、なんとか気持ちは楽になっていった。この頃、内田さんは、

「なんとかしなきゃ、と考えているうちに、『とにかく病気なのだから仕方がない』というあきらめのような気持ちが芽生えてきた。これは治らない病気だからあきらめよう、今更じたばたしても始まらない、そう思った」

　一九九〇年代の始め頃から発症した好子さんのアルツハイマー型認知症は、九八年には寝たきりへと進展した。

　この頃、六〇歳となった内田さんは会社を退職することを決意する。仕事を辞めることは並大抵の決断ではなく、心が定まらない時期が長く続いた。しかし、結局は、このまま仕事を続ければきっと後悔するに違いないと考え、仕事を辞めて介護だけに集中しようと考えたのだ。

病気を受け入れる

あきらめの気持ちがやがて、「これまで女房がしてくれたことに感謝し、今度は自分が恩返しのつもりで介護しよう」という気持ちになっていく内田さん。

しかし、ほとんど寝たきりの状態になると、内田さんの肉体的な負担は大きくなった。着替え、オムツ替え、ソファへの移動、炊事、洗濯、掃除など、することは山のようにある（図2）。

福祉事務所（当時）に勧められ、ベッドは介護しやすいよう電動ベッドにした。介護保険制度もなく、費用はすべて自費となる。ベッドに寝たきりのままでいると床ずれができることを心配し、昼間はソファに座らせるようにした。ところがソファに長く座っていたため、床ずれができてしまった。

いつ何が起こるかわからないという日々を送るうちに、どうしても往診してくれる訪問医を探さねばならないと考えるようになった。しかし、当時は何ひとつ情報がなく、ちょっと聞きかじったことをすぐに電話して確認する、といった地道なことを続けるしかなかった。

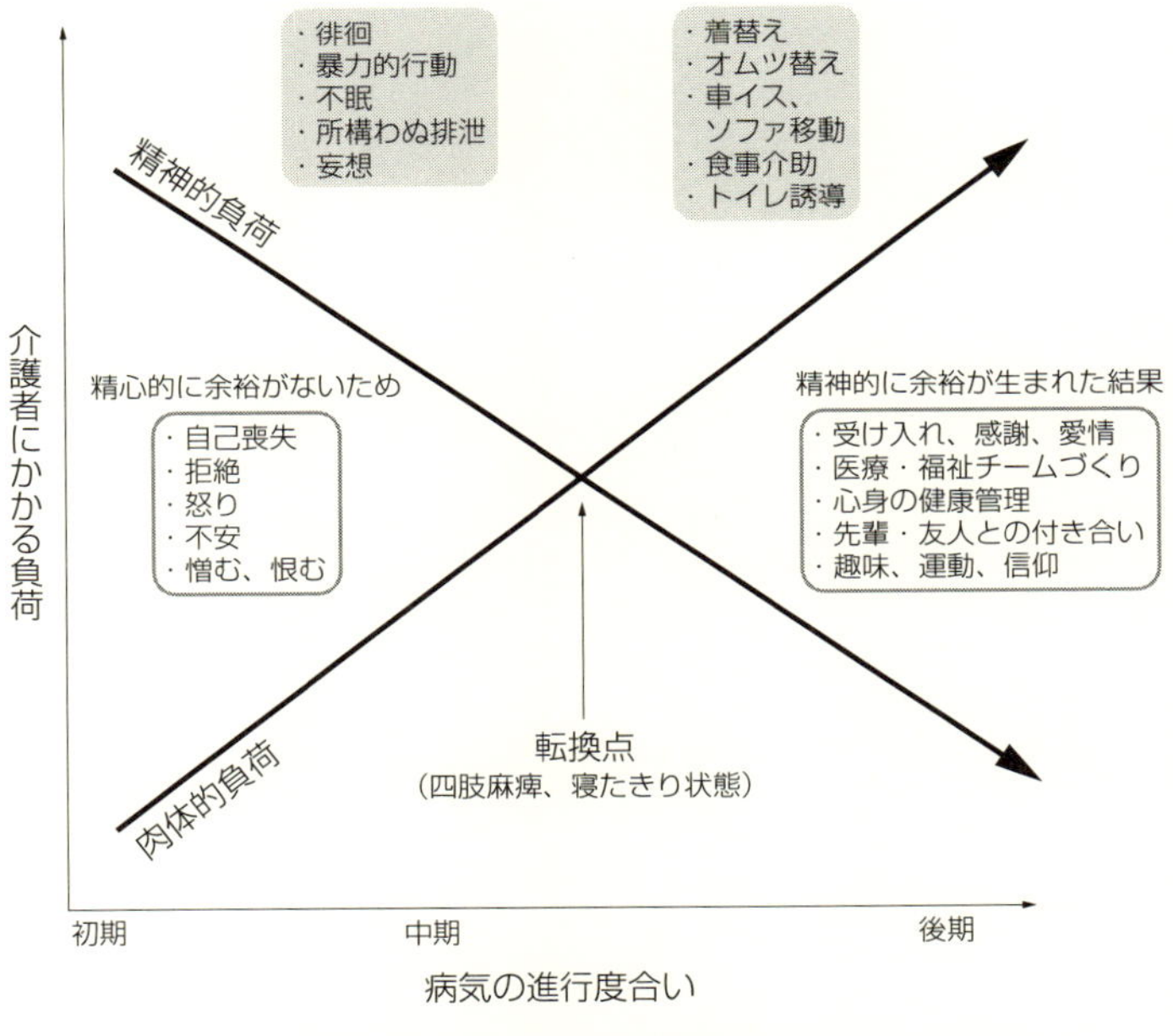

内田さんの場合、病気の初期の頃は介護者の精神的負荷が大きく、肉体的負荷は小さかった。ところが転換期（寝たきり）を境に、精神的負荷が小さく、肉体的負荷が大きくなっている。肉体的負荷は医療・福祉チームなどの協力を得て、減少させている。

図２　病気の進行と介護者の精神的・肉体的負荷

やがて、ついにこれ以上ないという最高の医師に出会う幸運に恵まれた。その時に出会った医師は、今も好子さんの主治医となって、認知症への対応の仕方や日々のケアについて細かく指導してくれている。そして、この医師が後述の「ハッピーリング」の中心的役割を果たすことになる。

認知症に効果的なアリセプトという薬があるが、これをかなり長期間服用したものの効果が確認できないため、主治医は薬の処方を一時止めた。その後、重度の患者でも標準の倍の量を飲ませると効果を得たという記事が新聞に掲載された。

すぐに内田さんがその記事を主治医に見せると、医師は数年間、薬を飲まなかったことも考慮し、段階的に増やしていこうと言った。

「少量飲んだだけで、最初はひどい下痢をしました」

医師の言うとおり、様子を見ながら服用していくしかなかった。介護者と相談しながら最善の治療を提案する医師の存在は、大きな心の拠り所となった。この薬の増量はその後様子見となっている。

2 ハッピーリング
介護のプロジェクトチームをつくろう

支えてくれるさまざまな人たち

介護保険のない時代に内田さんが自分で築いたハッピーリング（図３）というものがある。この図の中心にいるのが好子さんと内田さんだ。そして、ふたりを取り巻くように主治医や訪問看護師、薬剤師、ヘルパーなどがいる。

これらの専門家以外に、会社や学校の先輩や同僚、介護仲間、妻の病気を契機にできた友人、教会の仲間などが内田さん夫婦を何かと助けてくれ、大きな存在となっている。ハッピーリングは内田さんたちにとってひとつのプロジェクトチームのようなもので、一人ひとりとしっかり結びついてきた結果、出来上がったチームである。

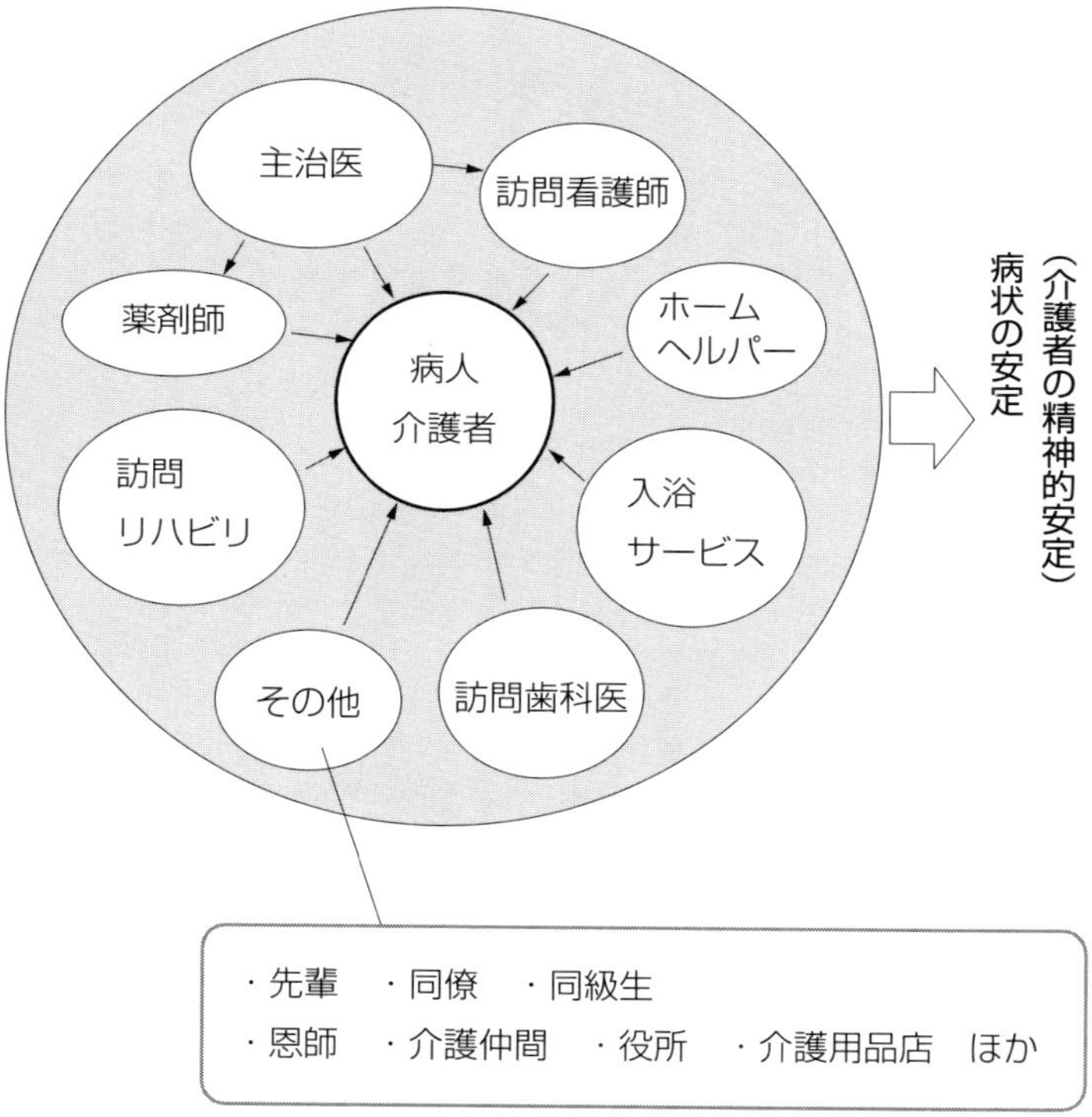
主治医
訪問看護師
薬剤師
ホーム
ヘルパー
病人
介護者
訪問
リハビリ
入浴
サービス
その他
訪問歯科医
（介護者の精神的安定）
病状の安定
・先輩　・同僚　・同級生
・恩師　・介護仲間　・役所　・介護用品店　ほか

図３　ハッピーリング

チームリーダーは主治医で、仮に入院が必要となった時は、紹介状を書いてもらい、ヘルパーに留守中のことを頼むなど、すべての指示を出してくれる。何かあれば、いつでも連絡できるよう連絡先も把握し、二四時間対応できるようにした。

役所にも情報がない時代だからこそ、内田さんなりのネットワークをつくり上げることができたのである。心配なことがあればすぐに聞くことができ、何をすればいいかもわかる。それが好子さんと内田さんの安定した生活につながっている。

みんな顔見知り

内田さんは、これらの人びとを集めて毎年パーティを開く。パーティによってみんなが知り合えるからだ。通常、主治医はヘルパーがどういう人か知ることはない。なかには看護師さえも知らないことがある。

「うちではみんな顔見知り。パーティを機会にみんなが知り合える」

意図してつくったわけではない。こちらからもちかけて仲間になれとは言えない。一人ずつ、少しずつ人間関係をつくっていった。ケアマネージャーがいない時代に、ケアプランはみんなに意見を聞きながら自らつくった。そんな積み重ねがハッピーリングとなったのだ。
「ハッピーリングは個人もそうですが、もっと地域全体の介護・診療体制として築くべき。すべての施設、サービス、専門家が揃って二四時間対応できる態勢が理想」

制度の改変が問題

しかし、問題は山積である。行政によって介護への取り組みに格差があるように、地域ぐるみの組織体制づくりは難しい面がある。同居の介護者がいればヘルパーを派遣しないとか、要介護度を下げられたため、電動ベッドが使えなくなったなど、制度上の問題も大きく立ちはだかる。

介護保険でできなければ施設に依頼するしかない。だからといって施設があるかといえば、ほとんど空きがない。ヘルパーも介護保険の改変で仕事の制約が増えた。

「ヘルパーを派遣してもらっているが、女房が使うところしか掃除してはいけないことになっている。認められたのはベッドのある部屋とソファに座る部屋だけ。洗濯場なども女房の洗い物で毎日使っているのに、掃除してもらえない。利用者のための制度になっていない」

そのため、一般の介護サービス会社と契約して掃除をしてもらっている。その費用負担は年間約二〇万円に達する。

ハッピーリングはつくっても、制度が変われば、制度にあったヘルパーや専門家を利用しなければならなくなる。介護保険制度については、何度も改変されてきたが、スタートした時点から悪くなる一方だという声もある。

今後、地域ぐるみでハッピーリングをどう築いていくかが、よりよい介護社会づくりのカギとなるだろう。

3 一生懸命遊び、一生懸命介護する

発想の転換

内田さんが長年の介護経験から導き出した考えとして、「一生懸命遊び、一生懸命介護する」ということがある。

これって逆じゃないの？　と思うかもしれないが、そうではない。

ある記事で東大に合格した人の勉強法が紹介されていたが、そこには「スケジュール帳にまず遊びの計画を入れて、そのあとで勉強する日を記入する」とあった。

遊びをすることで、勉強に集中できるという。一年間、勉強だけに集中していたら、ストレスが溜まり、脳の働きも偏ったものとなるだろう。つまり勉強への集中力を高めるた

めには、遊びが必要だと考えたのである。そして、彼は見事に東大に合格した。

これと同じように、内田さんも一生懸命遊んで、介護の質を高めようというのが基本的な考え方である。毎日、介護だけをして生活していると、気分が滅入ってしまい、自然と虐待や介護放棄に走ってしまうことが少なくない。

実際に内田さんもそうした経験をもっている。つらい日々があったからこそ、自分の中に生まれてきた発想だった。

「このままでは両方ともおかしくなる。まずは自分をリフレッシュしなければ」

そう思った内田さんは、ヘルパーが訪問してくれる時間を利用して、家から少し離れた場所に出かけて買い物や、喫茶店で読書をした。すると、そんな自分のための時間を過ごした日は介護をしていてもつらいと感じなくなった。

買い物や喫茶店に出かけて息抜き

内田さんの毎日は、まず朝五時に起きて、好子さんの朝食を作り六時に食べさせる。歯磨きなどのモーニングケアをして、ようやく自分の朝食を終えると、洗濯などの家事が待っている。さらに、好子さんに聖書の読み聴かせをし（二人ともクリスチャンである）、

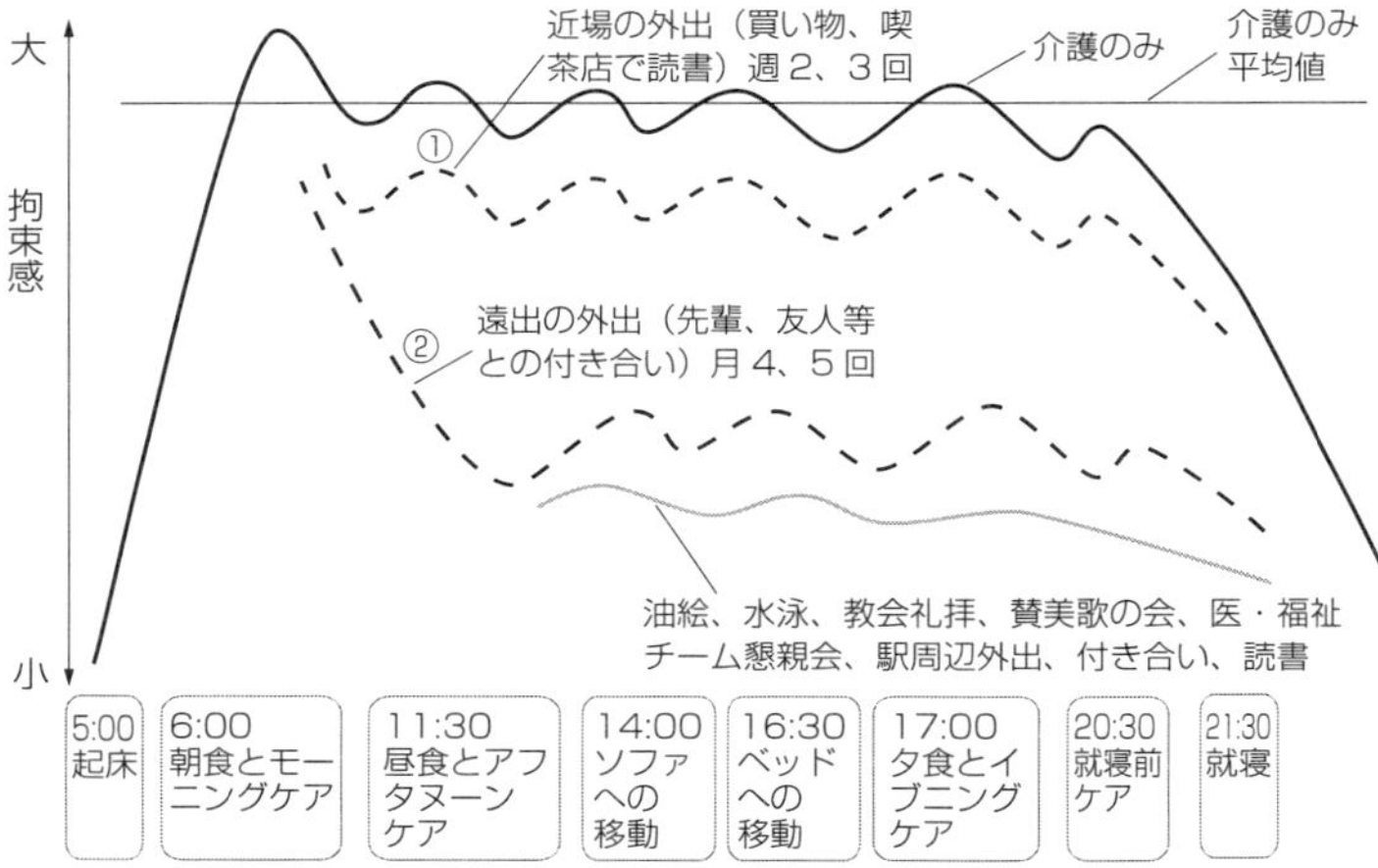
（拘束感の変化を表す感情ライン）
そのほかに家事全般、介護者自身のやるべきこと、医師、介護サービスの方々の対応など多々。

図４　内田さんのラクラクカーブ

さらに五年日誌をつける。そうこうするうちに、あっという間に午後になる。昼食後、お腹が落ち着いたころを見計らってベッドからソファへリフトで移動する。

曜日によって、ホームヘルパーや医者、看護師、入浴サービスなどが来る。ヘルパーは週二回、看護師は週一回、午前中に来てくれる。入浴サービスは午後から週三回。

このように、これ以上ないと思われるほどの医療・介護の支援を受けているにもかかわらず、介護から来る拘束感は介護者をさいなむ。これを少しでも和らげることができれば、介護全体に良い影響をもたらすことができるはずである。

図4で説明しよう。通常の介護の場合、五時に起きるとにわかに拘束感が高まり、その後は就寝まで継続していく（太線）。しかし、近場に外出することで、拘束感が少し弱まってくる（①の線）。

近場の外出というのは、買い物や喫茶店での読書がおもな内容である。この間、ヘルパーが留守を守ってくれる。読書が大好きな内田さんには大きな息抜きとなる。そして昼前に家に帰り、好子さんに昼食をさせる。

外出したことで、解放感を味わうことができて高い位置にあった線が少し下がって、夕方までそれが保たれるのだ。

たまには遠出、外食、一杯……

さらに介護の拘束感を下げるものがある。

それは遠出である。一時間ほどかけて都心に出かけ（途中の電車の中が読書室、これも拘束感を下げるのに一役）、先輩や友人と昼食をするのだ。おまけに酒も飲む。この間、ヘルパーに留守を、昼食時には看護師に昼食と留守をお願いする。これにより内田さんの拘束感は一気に下がる（②の線）。

好子さんは胃ろう（口で食べられなくなった人のお腹に小さな口をつくり直接胃に栄養剤を注入する方法）のため、昼食はヘルパーにはできないので看護師に来てもらっている。一二時頃から午後一時半までが好子さんの昼食時間で、内田さんが帰るのは午後二時〜三時頃。アルコールが残ったままの帰宅だ。ヘルパーや看護師たちは、これを「不良介護」と呼ぶそうだ。

二四時間三六五日のフル介護がけっして良い介護とは言えない。大いに自己を解放してこそ、介護の力を強化することができるのである。それが「不良介護」の真意だ。

近場の外出が週二、三回、遠出が月に四、五回。これで十分かと思いきや、まだまだある。

「以前からやってみたかった油絵、そして健康のために水泳もやる」

子どもがいないため、内田さんが寝込んだり、入院したりすると最悪の事態となる。そうでなくても、ちょっと身体がだるいとか熱っぽい、あるいはイライラ、といった状態でも介護に身が入らなくなる。自分はけっしてそんなことになるわけにはいかない。そのためには何をおいても完全に心身とも健康でなければならないのだ。

日によっては、寝る前のケアを夕食のときに繰り上げてやってしまい、好子さんをそのまま寝かせると、その後はフリーな時間として使うこともある。たとえば、一八時頃から友人と駅前で待ち合わせ、遅くまで飲み語らうこともあるとか。

これらは、思いつきでやるのではない。あらかじめ、スケジュールに組み込んで、ヘルパーや看護師などの協力を得ながら行うようにしている。

スケジュールは三カ月先までだいたい決めている。最近は火曜と木曜は、午後をフリーにしている。いろいろな用事が入ってくるからだ。内田さんが家にいるときは、午後一時半から四時半ごろまで好子さんはソファに座らせる。寝ているほうが楽だとは思えるが、血流、腸の活動などに良い影響があるからという。

洗濯は朝やる。洗濯から乾燥まで全自動タイプにしている、これでかなりの時間の節約になる。内田さんは自分の知恵と設備投資で、少しでもフリーになる時間をつくり出しているのだ。

4　不良介護の三つの生活信条

【一生懸命遊び、一生懸命介護する】

介護ばかりだとリフレッシュできない。短時間でできるだけ気分転換できる遊びを取り入れ、それを介護に投入する力とする。もちろん計画的に行い習慣化することが大切。思いつきでは長続きしない。

【明日のことを考えず、今日を大切に生きる】

アルツハイマー病は先のことはわからない。今日一日を精一杯生きていくしかない。先のことを考えるとつらくなる。一日の終わりに無事を感謝し、明日がどんなことになろうとも明日は明日が決めてくれると割り切る。

【感謝の気持ち】

ある先輩が言った。「奥さんは君のために、がんばって生きていてくれるんだよ」

それから自分の考え方が変わった。自分のために生きてくれているのに、イライラしてどうするかと思うようになった。

5

不良介護の工夫

【口腔ケアと歯ブラシ】

口から食べられない人でも口腔ケアは大切なこと。ご存知のとおり口の中はばい菌の巣である。怠ると歯が抜けてしまうこともある。また、虫歯などで歯痛があっても訴えられない。これはつらい。歯ブラシは五種類使用する。奥歯の裏を磨くのに最適なブラシ、歯科医師指定の硬軟二種のいわゆる歯を磨くブラシ、歯間ブラシ、舌用ブラシなどである。

【リフト付きベッド】

リフト付きベッドとエアーマットをレンタルで借りている。レンタル料は月約四〇〇〇円で、介護保険が使える。ベッドは部屋の真ん中に置くと、周囲を一周でき介護がしやすくなる。リフトは好子さんをソファに移動するために利用する。

【収納棚】

ケア内容をみると圧倒的にオムツ替えと食事に時間がかかっている。そのため、オムツや各用品を収納する棚はベッド近くに設置し、扉はなし。美しい陳列も心がける。これで何が足りないか一目瞭然。また、オムツは市から援助も受けている。

【パーティ】

ハッピーリングの仲間を呼んでときどきパーティを行う。大勢いると好子さんも楽しそうな表情をする。人が来ることで、部屋を美しく保つ意識が芽生え、整理整頓を自然にするようになる。パーティも遊びのひとつ。

6 心身両面の健康管理法

在宅介護は多くの専門家の協力が必要とされるが、好子さんの側に圧倒的に長くいるのは夫の内田さんである。仮に内田さんが健康を害して、万一のことがあると、好子さんも路頭に迷うことになる。

当初は介護漬けの日々を過ごし、その結果、二年続けて大病で倒れるという事態を経験した。そんな経験から、一日を健康で、しかも全力で妻の介護にあたる体力をつくらねばならないと内田さんは考えた。そして、その健康もたんなる肉体的な健康ではなく、精神と相俟って向上させねばならないことに気づいた。

そこで、以下に内田さんが現在試みている、自分自身に施している心身両面の健康管理について紹介しよう。

【肉体の健康管理】

・半日ドック（年一回）
・市の成人病検診（年一回）
・ホームドクター検診（月一回、全体的体調管理、薬受け取り）
・心電図チェック（二カ月に一回）
・脳（MRI、MRA）検診（年一回）
・歯の定期健診（年二回）
・目の定期健診（年二回）
・整骨、マッサージ（隔週一回）
・インフルエンザ予防接種（年二回）
・胃カメラ検査（年一回）
・大腸内視鏡検査（三年一回）
・耳鼻科、皮膚科等（必要な時）
・体調不良時、即座に（早めに）ホームドクターへ

肉体の健康管理において、ホームドクターをもつことがきわめて重要だという。それはひとりでなくていい。たとえば消化器系の先生、循環器系の先生、泌尿器系の先生など、

何人いてもいい。内田さんはこの三人のホームドクターをもっており、その中で内科全般を診れる先生が全体を把握している。

【対人的交流】

・会社、学生時代の先輩、同僚、後輩との交流（月七～八回の昼食会ないしは夕食会）
・医療、介護関係者との交流（不規則ながら回数多し）
・教会関係者　月一回の日曜礼拝参加、賛美歌の会（不定期）
・近隣や金融関係者等との交流（その都度・頻度多し）
・メール、ブログ、ミクシィーによる交流

この対人的交流が身体と心をつなぐリンクピンのような役割を果たしており、心身の健康管理にきわめて重要。つまり、介護で自由な時間がとれないという介護者にとって決定的な問題を抱えているとはいえ、そうした中でなんとか工夫をして関係者に協力を依頼する。簡単に言うと「おしゃべり」すること。言い換えると「社会的な接触」を欠かさないことがたいへん重要だと、内田さんは考える。

内田さんは、多くの方々の協力を得て、月に三〇名から五〇名、多いときは七〇名くらいの先輩や同僚などと会っている（定期的に訪れる医療や福祉の関係者は除く）。

【運動】
・水泳を週一回、毎回五〇〇メートル泳ぐ。その後にサウナに行く。年四〇回以上目標
・買い物など近場の外出には車を使わない
・本来はテニスをしたいのだが、現在はあまりプレーできていない

【趣味】
・油絵描き、年四作以上目標
・読書、毎日二時間以上
・クラシック音楽、毎日妻の夕食時から入眠まで、ＣＤを約四時間かけ放し
・メール、ブログ、ミクシィーその他作表、文書作成等

【信仰】
・妻が約三〇年前に洗礼を受けクリスチャンとなっていたこと、加えて何か精神的なバックボーンが必要だという考えから、二〇〇一年に洗礼を受けクリスチャンとなる
・日曜礼拝参加（月一回）
・聖書読み（毎日、新訳旧訳各一～二章）

・妻への聖書読み聞かせ（毎日、新訳のみ一～二章）
・賛美歌の集い（不定期、教会から三～四名来訪、賛美歌の後歓談）
・関連書籍（毎日一〇ページ）の読み聴かせ（不定期）

以上のような事柄を日常の生活スケジュールの中にキッチリと組み込み、全体をうまくまわすことにより、介護漬けになっていた頃よりはるかに健康な日々を送れるようになった。

つまり、肉体の管理だけでは真の健康は保てない。精神面の安定、強化が相俟って初めて、介護に耐える健康が維持できる（その中核となるのが対人的交流）と実感している。

また、日常生活において「早寝早起き」を励行し、同時に規則正しい生活、十分な睡眠、休養、暴飲暴食（特に深酒）を避ける、などが大前提であることは言うまでもない。

7 不良介護のタイムスケジュール

一生懸命遊び、一生懸命介護するには、一日の過ごし方を知らねばならない。

そんな動機で、内田さんは二〇〇〇年から二年ごとに、介護に拘束される時間と、自由に使える時間をそれぞれデータ化して、何にどれくらい時間を使っているか調べている。データをとることによって、介護作業の効率化が図れたり、あるいは自分のQOL(クオリティオブライフ=生活の質)の向上にも貢献した。また、この一〇年間、要介護者である好子さんには入院等、いろいろなことがあったとはいえ、長い目で見ると、その症状に大きな変化がなかったため、新たな試みの対比も実現できたという。

調査方法

方法は第一回からまったく同じである。
（1）期　　間　二〇一〇年五月一六日（日）～五月二二日（土）の連続の七日間
（2）対象時間　朝起きてからベッドに戻るまでの、実際に活動している時間を対象
（3）方　　法　あらゆる仕事を一分単位で記録した。それを図表の形に整理

なお、この調査は一年の中で、できるだけ平均的な一週間を選んではいるが、この一週間に一年間で起こりうることのすべてが発生したわけではない。そのため、内田さんの一年間の介護を正確に反映しているとは言い難いことも、ご了承いただきたい。

そして、この記録をまとめると、図5のグラフができあがった。

一日の過ごし方を割り出す

図5をご覧いただきたい。強調したいのは「拘束時間」（どうしても介護者が拘束されてしまう時間）と、「自由時間」（介護者の自由裁量でどのようにも使える時間）の比率が

朝起きてから夜寝るまでの16時間36分の内訳

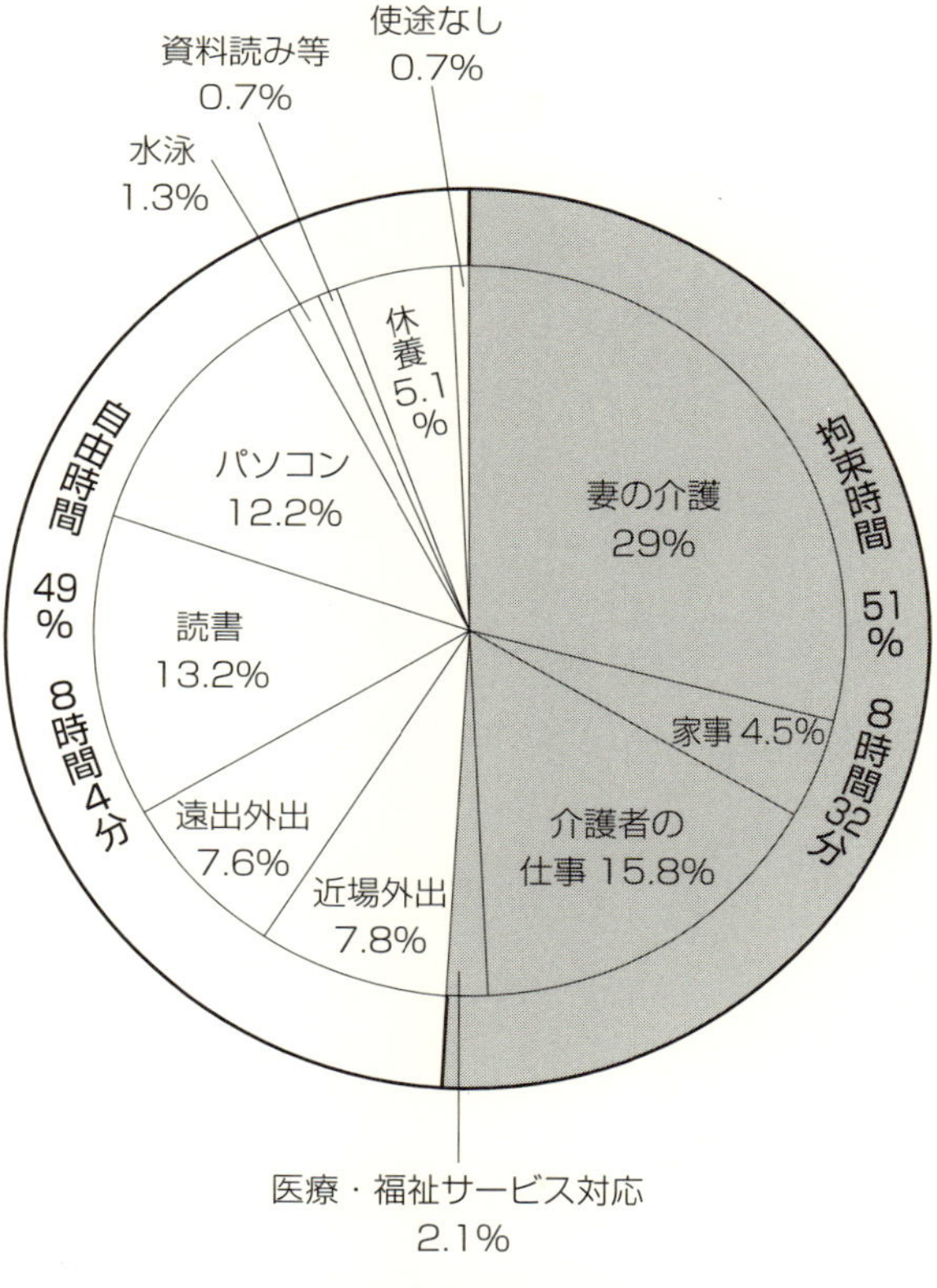

図5　内田さんの一日

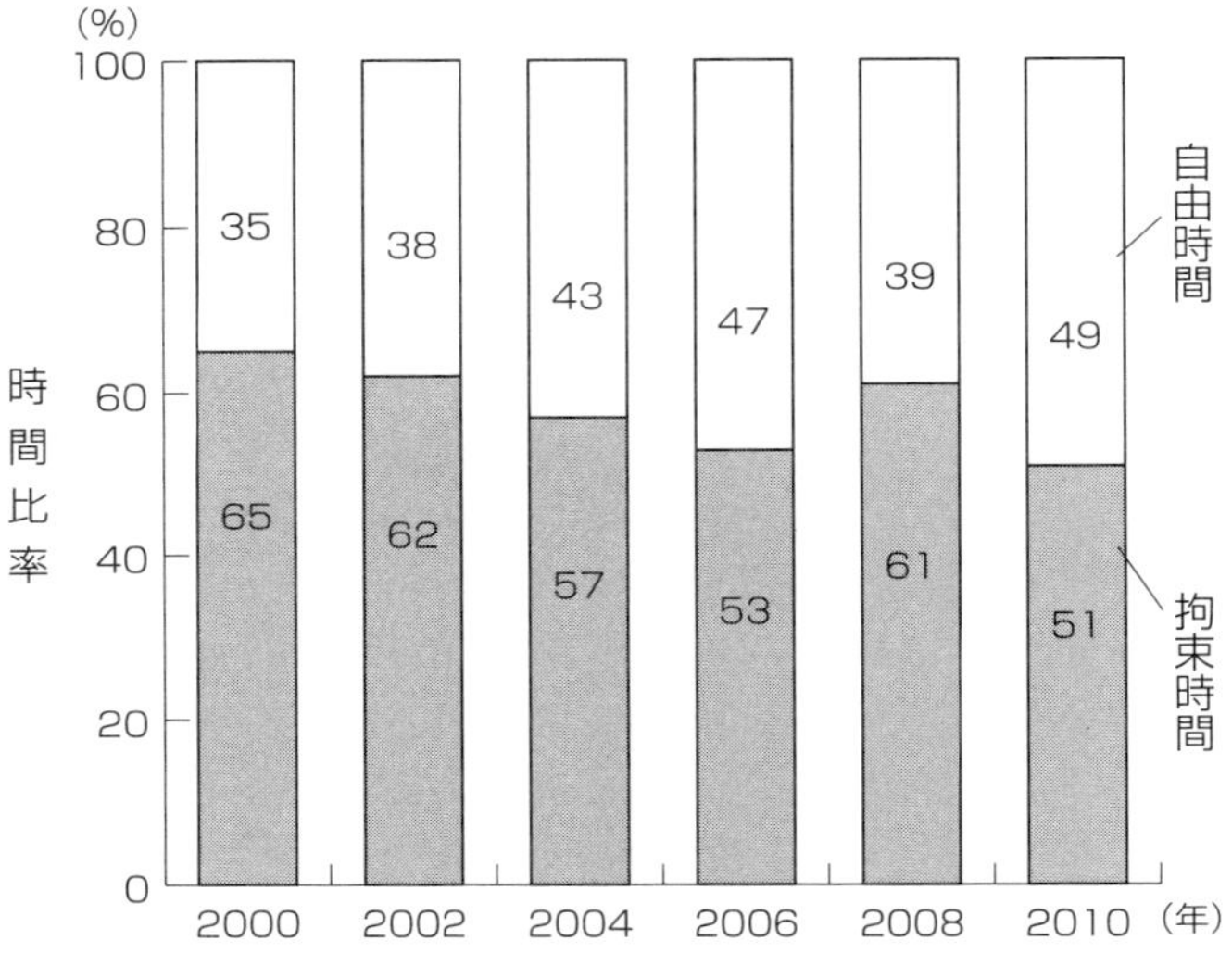

図６　拘束時間・自由時間の推移（2000〜2010年）

ほぼ拮抗したということである。

二〇〇〇年からの比率を見ると、図6のとおりで、今回（二〇一〇年）がもっとも自由時間の比率が高くなっている。これが今回の特徴であり、内田さんが目指してきた方向でもある。

自由時間の比率を少しでも高めて、その自由になる時間を自己の再生産にあて、そこでつくり出したパワーによって、妻の介護にいっそう力を入れられるようにする。それと同時に、自分のQOLを向上させるという、目指すべき方向へ一歩前進したということが言える。

では、何が原因で自由時間の比率

が高くなったのか。これについては、はっきりとした原因は特定できない。おそらく全体に介護が安定した状態で行えたこと、家事や自分の仕事が少しずつではあるが、要領よく処理できるようになったこと、たとえ一〇分の時間でも無駄にせずやるべきことを前倒しにやるよう徹底したことなど、総合的に向上した結果だと考えられる。

拘束時間〈妻の介護〉

【下の処理に多くの時間】

つぎに拘束時間の中身をくわしく見ていこう。図7の「介護内容別比率」で一目瞭然のように、下の処理にかかる時間が圧倒的に多い。前回も同じようにオムツ替えなどの、下の処理の作業比率が最も高かった。

この下の処理の作業比率が意味するのは、

（a）排泄（大、小含めて）が順調である。

（b）オムツ替えで身体を転がす作業はたいへんな力が要求され、介護者の体力を消耗する。

などがその結果として考えられる。すなわち、排泄が順調であればあるほど、体力を使う

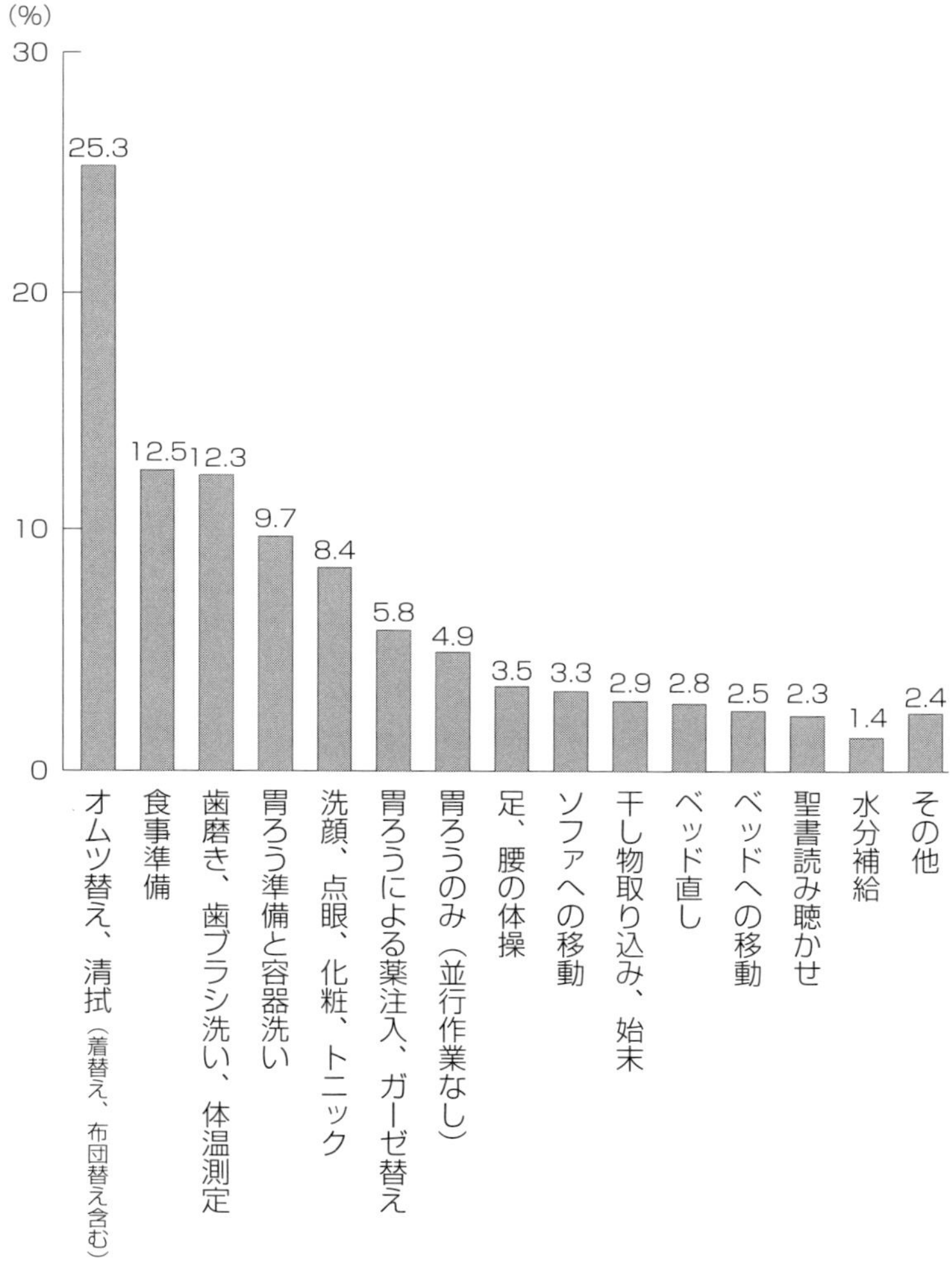

図７　介護内容別比率（2010 年）

作業が増えるという皮肉な結果となる。しかし、排泄は妻の体調維持に重要なことであり、これが順調であるということに感謝すべきであると、内田さんは思っている。

【胃ろうに関して】

また、グラフからはわからないが、胃ろうに替えたことによって、妻の排泄（特に排便）が順調になったことは喜ばしい効果であった。それまで便秘で苦労したことを考えれば、嬉しいことである。

胃ろうでの食事時間中は、自分の手がフリーになり、ほかにやりたかったことができるものと期待していたが、結局胃ろうのための下準備から容器の洗浄など多くの時間を費やすことになり、最初から最後までまったくフリーとはならない。しかし、その間に歯磨き、化粧、薬の注入などができるので、これは自由時間をつくり出すためのプラス要因になっている。

【ソファとベッド間の移動】

一日ベッドで過ごさせる、いわゆる〝寝たきり〟にはしたくないので、たとえ三〇分でもソファに座らすことを続けてきた。一昨年までは、六〇キロほどある妻を抱えてソファへ、ベッドへと移動させていた。妻には抱きかかえられることによって、腹部をかなり強く圧迫されるという苦痛もあったと思う、と内田さん。

しかし、主治医はじめ各氏から「危険すぎる」(介護者の腰を痛める)との指摘もあり、一昨年からリフトを導入し、自分で抱えて移動させることはなくなった。そして、時間の経過とともにその使用法にも慣れてきた。

ただし、自分で抱えて移動させることによるメリットもあった。それは身体を抱える時に、たとえば、「今日はやけに体温が高い」とか「少し身体が硬直している」など、肌で感じることができたことである。

リフトを使用するようになって、それにともなう前後の作業に今まで以上に時間がかかるようになったが、腰にリスクを負わずにすむため、リフトの導入はやはり成功であったと考えられる。

【聖書の読み聴かせ】

「聖書の読み聴かせ」が、なぜ介護なのか?

内田さんの根拠はこうだ。妻は毎日聖書を読んでやるときに、当初目を開けていても、途中から目を閉じてしまうことが多い。内田さんにはそれが眠っているとは思えなかった。

何か心が安らかになっていると信じている。誰でも素晴らしい音楽を聴くと、つい目をつぶって聴いてしまうのと同じように、聖書を聴くことがなんらかの心の平安をもたらすという効果につながっていると考え、介護のひとつとして捉えている。

自由時間

【外出時間の増加】

図8をご覧いただきたい。加齢にともない、とかく〝ひきこもり〟が指摘される中、内田さんは近場（駅近辺、徒歩一〇分程度）と、遠出（都心）の外出が、合わせて一五・四パーセントと増えている。その背景には、友人との語らい（要するに付き合い）のため、いくつもの会をつくって、いろいろな人たちと会い、語らう機会をもっていることが大きく影響している。これは内田さんの元気を生み出す根源のひとつである。

なお、今回は突然の親友の葬儀に参加するといったこともあり、これが数値を押し上げる要因になっていることも考えられる。

しかし、こうした外出ができるということは、妻の病状が安定していなければ叶わぬことであり、また妻をひとりにする際、その留守を守ってくれるヘルパーなどの存在も忘れ

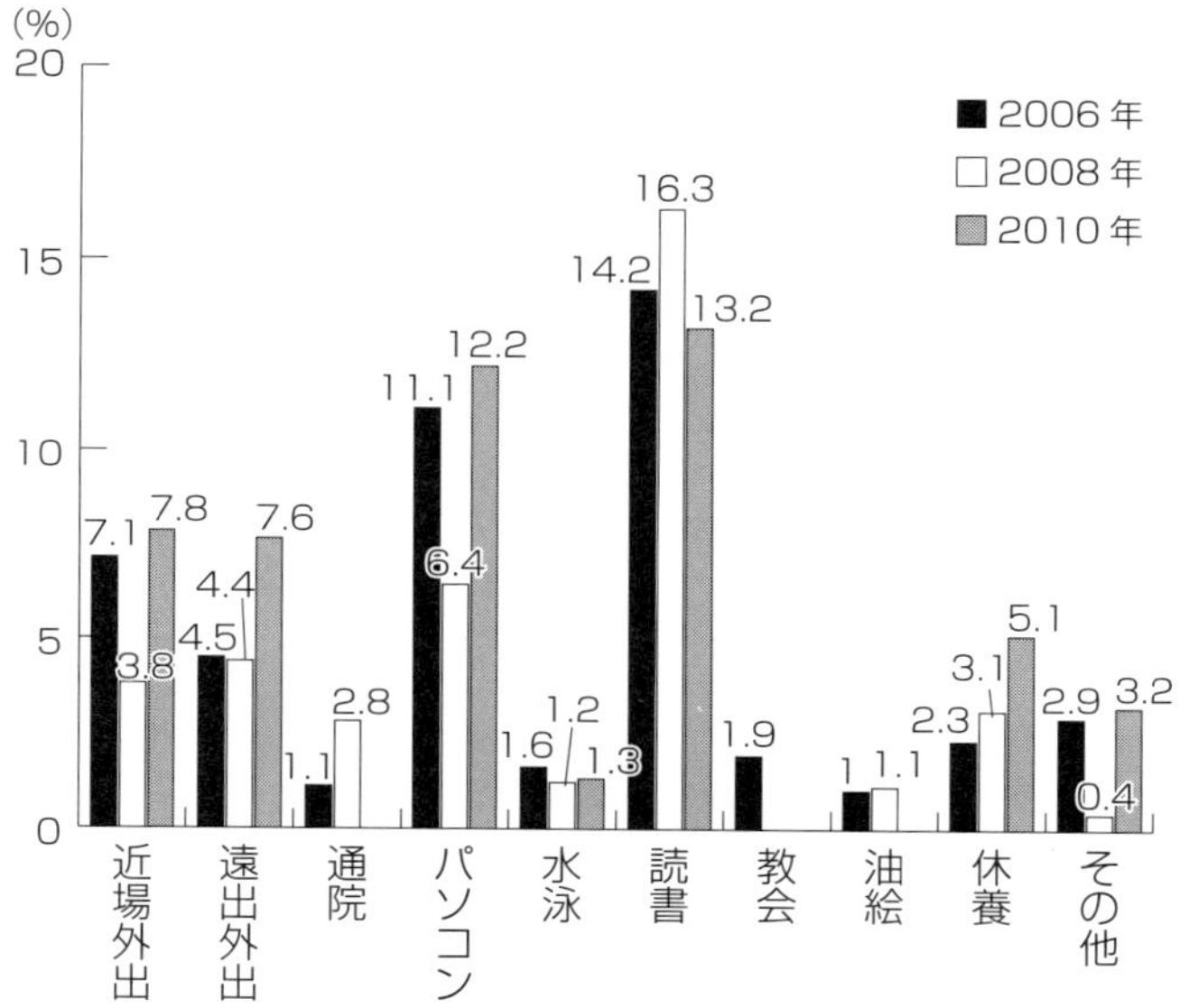

図８　自由時間内訳対比

てはならないだろう。介護は多くの方々の力が必要であり、何事もひとりではできないのである。

【読書とパソコン】

自由時間の中で圧倒的に多くの時間を消費しているのが、読書とパソコンである（両者合わせて二五・四パーセント）。この両者は必要なだけ時間を増やしたり、減らしたりできるわけではなく、限られた時間の中の配分であり、どちらかが多くなれば、どちらかが少なくなるといった関係にある。そして、この両者とも内田さんがリフレッシュできるたいへん貴重な時間になっている。

【休養】

二〇一〇年、内田さんは「休養」を意図的に増やした。そのために油絵に時間を割けなくなった。従来、自由時間を自分のやりたいことに使い切ることが、いわば一種の「休養」と考えていた。だが、内田さんは何もしないで純粋に身体を休める時間（プラス居眠り）が必要だと感じるようになった。そして、今回、意図的に「休養」をとった結果、体力回復の効果を確認することができたという。

これからは、少しでもよいからソファに座る時間を見つけ出し、あわよくば居眠りをするといった時間を増やしたいと、内田さんは思っている。やはり、睡眠でなければ真のパワーを生み出す休養にはならないようだ。

要介護者も介護者も「生きる」ことが基本

この調査は今回で六回目となる。たとえ一週間（表1）といえども、介護をしながら、しかも他の諸々の雑事や外出をこなしながらの調査である。かなりの強い意志と馬力が要求されることは間違いない。

しかし、ここまですることでいろいろなことがわかり、内田さんの介護生活の改善につながったのも事実である。

これまでを振り返って、内田さんはつぎのように思っている。
①自由な時間がありながら、それをその時の気分で無為に過ごしていることが明らかになったため（これは、第一回調査で判明）、自由時間をより有効に活用すべきだとの観点から、主として心身の健康向上を考慮して（たとえば、水泳に行く、油絵を描く、教会に行くなど）、意図をもって時間を使うようになった。
②多くの方が介護に明け暮れていると思われるが、まずは可能なかぎり自由時間で自己を解放し、自分のやりたいことをやり、そこで自分にパワーを付けて（自己を再生産して）、そのパワーを介護にあてるというサイクルにすべきだとわかった。このことは調査を数回続けるうちに明確になってきたという内田さん。これが、「一生懸命遊び、一生懸命介護する」という生活信条につながる。
③空き時間をすべて自分のやりたい活動にあてることが、自分の心身を休めることになると考えていた内田さんだが、前回くらいから、何もしない純粋な「休養」も必要とわかった。ソファに座り居眠りをするといった時間がそれにあたり、空き時間の一部

表１　一週間のスケジュール（2010.6 現在）

	月	火	水	木	金	土	日
午前	（買い物） （外出）	9:15〜 訪問リハビリ 10:00〜11:30 訪問介護 （買い物） （外出）	9:40〜 訪問看護	10:00〜12:00 訪問介護 （買い物） （外出）	10:30〜 訪問リハビリ	（パソコン）	（10:30〜 日曜礼拝） （月１回）
午後	13:30〜 入浴サービス （パソコン） （読書）	（油絵） （読書）	13:30〜 入浴サービス （パソコン） （読書）	（パソコン） （読書）	13:15〜 入浴サービス （パソコン） （読書）	14:30〜 主治医往診 （隔週） （読書）	（12:30〜 水泳） （読書）

を意図的に「休養」に使うようになった。今回の調査でも、できる範囲で「休養」を試みた。

④夫婦ともにそれぞれの親からもらった命、介護漬けになって自己を犠牲にするというのは生きる摂理に反している。そんな想いから、介護を大切にしながらも、自己実現も重視するという、「生きる」ことへ基本的な理念が、内田さんの中に生まれてきた。

⑤時間の観念が鋭くなったような気がするという内田さん。たとえば、「こうするより、こうした方が時間はかからないので

は」とか、「こちらから先にやって、つぎにこれをやった方が作業の流れもよくなり、時間も短くできるのでは」といったことを絶えず考えるようになった。

これ以外にも、自由時間をつくり出すことに関しては、貪欲なほど細かいことまでやるようになった。

五年ほど前、毎月一回昼食をともにする大先輩が内田さんに言った。

「お前も奥さんのためにがんばっているのはわかるが、それよりも奥さんのほうがお前のためにがんばって生きてくれているんだ」

内田さんはショックを受けた。

「そのとおりだ！　なぜこれまでそのことに気づかなかったのだろう」

と、まさに目から鱗であった。それからは好子さんの介護に対する考えが大きく変わった。

「妻がこんなにがんばってくれているのに、こんなことでイライラしてどうする」と、自分に言い聞かせることができるようになった。

また、肉体的にきついときも、妻が「もっと身体を鍛えなければダメよ」と、教えてくれているのだと、受け止められるようになった。

調査データにはあらわれてこないが、その裏にはこのような内田さんの心境の変化があったことも事実である。

8 一日の介護の実例

　ここでは内田さんが寝たきりの妻を介護する具体的なケア内容を簡略して紹介しよう。不良介護を実践することで、内田さんが質の高い介護をしていることがわかる。
　ただ、こうしたケアはそれぞれ要介護者によって当然異なることであり、あくまでも参考としていただきたい。もし内田さんのやり方に興味をもたれたら、専門家と相談のうえ取り入れてほしい。

①モーニングケア

【食事と薬づくり】

　薬局で調合された薬をカップに入れ、ぬるま湯で溶かす。胃ろうから注入する食事はラコール（総合栄養剤）と豆乳を混ぜて冷蔵庫に保管。サプリもカップに入れて冷蔵庫へ。そのほか、歯磨きなどの準備も同時に行う。

【足、腰の運動】

血流や筋肉などの衰えを防ぐため、足首まわし、膝の屈伸、足の筋伸ばし、大腿部の伸ばしとマッサージ、腰骨の伸ばしを行う。

【枕替え】

前日使った枕を新しいものと取り替える。枕カバーは三、四日ごとに交換。

【手、足の手入れ】

汗を吸収するための手袋を脱がせ、指と足の指の清拭を行う。ローションを塗りマッサージしてよくすりこむ。すべての指の股に制汗剤を吹きつける。

【着替え、オムツ替え】

着替えの前に、一晩中あお向けに寝ていて腰に負担がかかっているため、腰たたき、背中さすりとマッサージを行う。その後、体を横にしてオムツを取り去り、温かいタオルで臀部と周辺を清拭し、軟膏を塗る。排便があった場合、オムツ替えを後にして処置を行う。その後、新しいオムツ（フラットシートと尿取りパッド）をはかせオムツカバーをしめる。オムツ替えが終わると、新しいパジャマを着せて、新しい布団をかける。

【食事をする】

食事のときはベッドを頭三〇度、足一〇度の角度に調整し、ベッドの柵にテーブルをセットする。朝一番に用意した食事を容器ごとレンジにかけて温め、それをハンガーに吊るしたタンクに入れ、約四〇分かけて胃ろうが完了するようセットする。

食事の合間を利用して体温測定、歯磨きを行う。歯ブラシは硬軟各一本から舌の汚れ取りまで計五本を使用。その後、温めたタオルで顔を蒸して化粧水を綿につけて顔に塗り、しばらくして乳液、パウダーをつけ、最後に眉墨をかき、リップクリームを塗って化粧を終わる。

（これらの作業は食事中に行われ、空いた時間に後述の聖書読み聴せや介護者自身の血圧測定、日記付けなどを臨機応変にはさみ込む）

【薬と水分の注入】

胃ろうによる食事が終わったら、二つのカップの薬を順番に注入する。その後、水分を同じように補給する。一連の胃ろうが完了すると容器洗い、胃ろう清拭、ガーゼ替えを行う。

【聖書読み聴かせ】

クリスチャンである妻のために聖書の読み聴かせを行う。

【朝食後の作業】

朝食が終わると、ベッドを元の角度（頭一〇度、足一〇度）に戻し、柵と座布団をセット。その後、昼食づくりをする。排便は一〇時までに必ずあるので、前述のオムツ替えの手順で処理をする。

②アフタヌーンケア

【オムツ替え】

昼食にかかる前にオムツ替え、清拭などを行う。手順はモーニングケアのときと同じ。

【昼食をする】

モーニングケアの「食事をする」と同じ。ただし、体温測定、歯磨き、化粧は省略。

【薬と水分の注入】

モーニングケアの「薬と水分の注入」と同じ。

【ベッド直し】

モーニングケアの「食事をする」のベッド直しと同じ。

（ここまでが昼食に関わるケア。これからは夕食までの午後のケア）

【夕食づくり】

モーニングケアの「食事と薬づくり」の薬づくりを除く部分と同じ。

【オムツ替え】

モーニングケアの「着替え、オムツ替え」の着替えを除いた部分に同じ。

【ベッドとソファ間の移動】

リフトを使ってベッドからソファ、ソファからベッドへの移動。一日に一回は必ずベッドからソファに移動させる。

③イブニングケア

【オムツ替え】

モーニングケアの「着替え、オムツ替え」の着替えを除く部分と同じ。

【食事をする】

モーニングケアの「食事をする」と同じ。体温測定、歯磨き、洗顔と化粧を行う。化粧はナイトクリームの塗布も行う。

【薬と水の注入】

モーニングケアと同じ。

【ベッド直し】

モーニングケアの「食事をする」のベッド直しと同じ。これが終了した時点で、就寝ケアまでの間、クラシック音楽を聴かせる。

【胃ろう容器の片付け、整理】

翌朝のために、すべての胃ろう関係の容器類を所定の位置に片付ける。

④就寝前ケア

今日一日の最後のケア。オムツ替えを中心に仕上げ。モーニングケアの「オムツ替え、着替え」の着替えを除く部分と同じ。

その他

病人は突発的な発熱や嘔吐、はれものの出血など急変することがある。また、それ以外に定例的に爪切り、散髪、衣替え、洗濯、買い物など、細かなことはかぎりなくある。

第４章

認知症介護のあれこれQ&A

ここでは前章までに出てきた用語や事柄の中から重要と思われるものを取り上げ、専門家や施設の資料をもとに解説する。言葉足らずの部分もあるかと思われるが、ご理解いただき、ご参照していただければ幸いである。

Q 認知症にはどんな症状があるのか？

A 認知症の初期症状は、もの忘れ、嘘・作り話をする、被害妄想などがあるが、これらを本人の性格的なものやたんなる老いと受け止める家族は多いようだ。「何度言ったらわかるんだ」と息子や夫が怒鳴る。たんなるボケとしか思わず、認知症という病気であることがわからないため、本人と家族の関係は悪化していく。

早めに認知症の診断をしてもらい、対処することが大事だ。ほとんどの家族が最初は戸惑い、そして、混乱・怒り・拒絶があり、あきらめ、いたわりをたどって、少しずつ病気を受け入れていく（図9）。実際はあきらめと混乱の間を行き来することも多い。体が不自由になり、やがて寝たきりになって、ようやくいたわりへと向かう。

ところで認知症には大きく分けて、中核症状と周辺症状のふたつの症状がある。（図10）

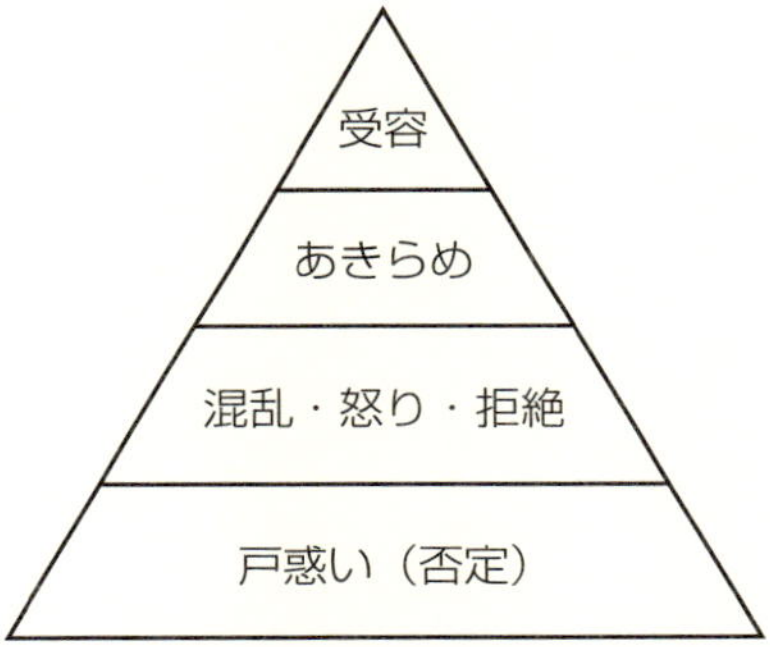

図９　四つの心理的ステップ

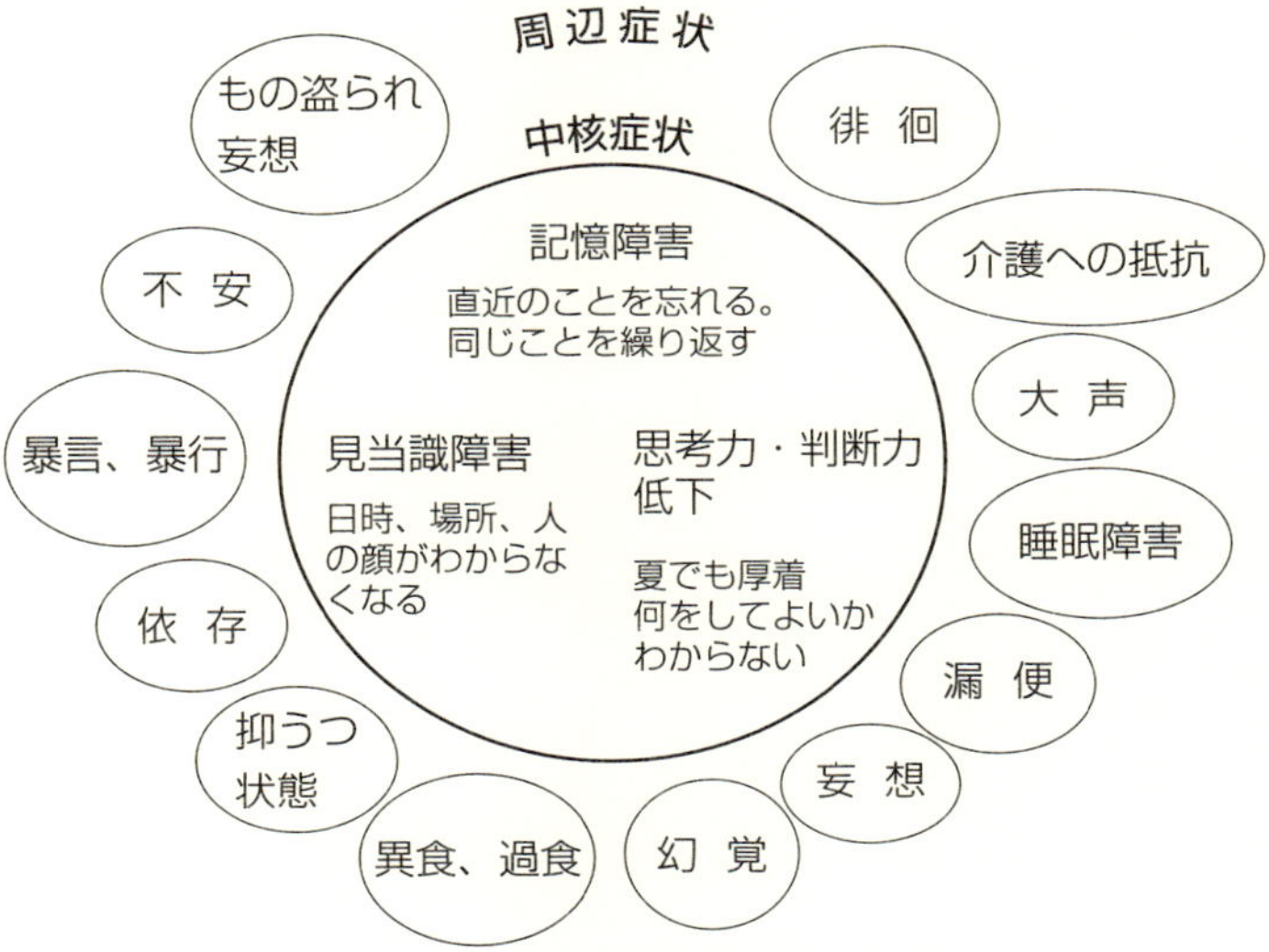

図10　中核症状と周辺症状

中核症状には、記憶障害、見当識障害、思考力・判断力低下の三つの障害・低下がある。見当識というのは覚えようとしなくても覚えていること、たとえば、今が朝か夕方か、冬か夏か、目の前の人が家族か他人かなど。

この中核症状によって引き起こされるのが、もの忘れや徘徊、妄想、漏便など、いわゆる周辺症状である。漏便では、排泄物をどう処理してよいかわからないため（判断力の低下）、手で触ってしまうのだ。記憶障害では、自分のお金をどこにしまったか忘れて、誰かに盗られたと思い込み、家族のせいにするという（被害妄想）ことも少なからず起きる。

そうした周辺症状は、脳の記憶障害や見当識障害などのために起こる。トイレがわからなくなったら、トイレにやさしく連れて行くことで、落ち着いてつぎの行為が行えるようになる。

周辺症状とどう付き合うかは、病気を理解することから始めなければならない。小さい頃、初めての土地で道に迷った経験があるだろうか。その時の感覚が長く続くのが認知症なのだ。怒られてもわからないものは、わからない。本人の気持ちになって対応することが大切なのである。

表２　アルツハイマー型認知症の症状の程度とその進み具合

年齢相応	・物の置き忘れ ・物の名前が出にくい
境界状態	・慣れている仕事で能率が下がる ・段取りの手際が悪い
軽度	・金銭感覚が不確か ・段取りや計画が立てられない ・年月日の感覚が不確か ・物を盗まれたという妄想 ・攻撃的な言動
中等度	・天候に合わせて服を選ぶことができない ・近所以外で迷子になる。表面的な会話 ・理由もなく入浴や着替えを嫌がる ・買い物を一人でできない ・徘徊
やや高度	・順番に服を着ることができない。着衣に介助 ・入浴後も体をふけない。洗髪ができない ・近所でも迷子になる。失禁 ・同居していない家族がわからなくなる ・表面的な会話であってもつじつまが合わない
高度	・着衣、入浴、身辺整理には全面介助が必要 ・同居家族でもわからなくなる ・家の中のトイレの場所がわからない ・意味のある会話はできない ・自発的な発語は消失し寝たきり状態

東京都高齢者施策推進室「痴呆が疑われたときに一かかりつけ医のための痴呆の手引き」1999から

Q 認知症の早期発見につながる画期的な検査法とは?

A

PET検査

アルツハイマー病の治療において重要なことは早期発見と言われる。その大きな理由として、アルハイマー病の原因とされるアミロイドという物質の特性にある。この物質は認知症が出る約二〇年以上も前から脳内に蓄積されはじめ、蓄積のピーク時に認知症が発症すると考えられる。つまりアミロイドを早期に察知できれば、薬の投与などでアルツハイマー病を事前に食い止めることが可能となる。

脳細胞が数多く死滅してから治療をしても細胞を蘇らせることはできない。そこで考えられたのが「アミロイドPET」検査法。脳内でアミロイドが多く付着した部分をはっきりと映し出す検査法である。国内では数カ所の施設で研究されているにすぎないが、将来もっとも期待されている予防法である。現在、PET検査には保険適用がなく、費用は約三三万円ほどかかる(湘南厚木病院資料等を参照)。

図11はアルツハイマー型認知症とPET検査の関係を示したもの。上の太線でカーブを描いて下降するのは、アミロイドが蓄積されるにしたがいアルツハイマーが進んでいくこ

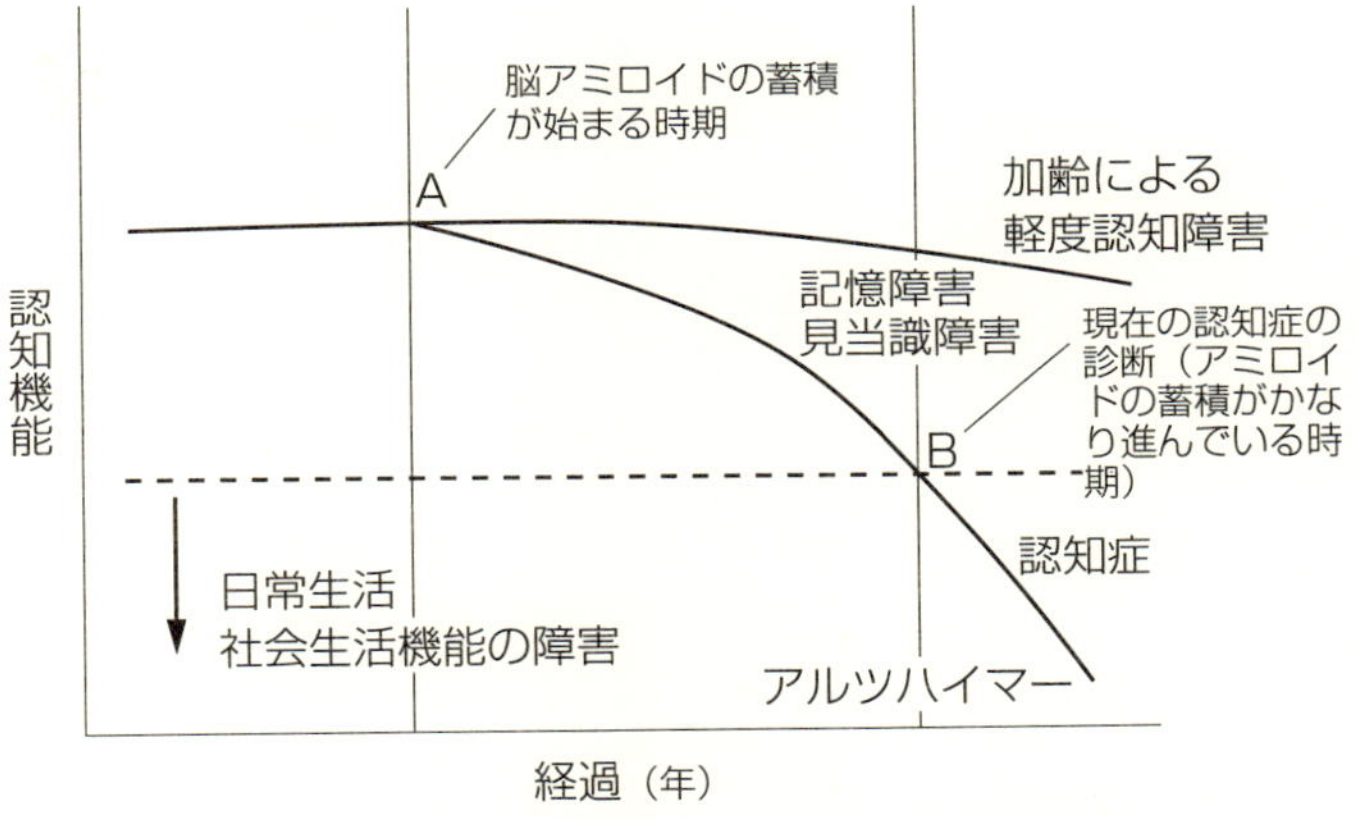

PET 検査は脳アミロイドが蓄積されるA地点でも実施可能であり、早期発見につながる。しかし、現状はアミロイドの蓄積が進んでいるB地点での診断がほとんど。PET 検査による早期発見が望まれる。

図 11　認知機能障害と経過

とをあらわしている。アミロイドの蓄積が始まるのがA地点で、発症するのがB地点。その間が約二〇年。PET検査はA地点でも可能で、できるだけ初期の段階に発見することで早期治療につながり、進行を弱めることが可能となる。B地点で発見できたとしても、かなり認知症が進行していたということが少なくない。

早期発見できれば薬の投与もあるが、生活を変えることで大きな効果が期待できる。絵を描いたり歌ったり、散歩や運動を毎日行う、人と話す、あるいは栄養のバランスを考えた食事など、脳の活性に効果のある行動をすることで認知症発症の防止につながる。

Q 認知症に有効とされるケアプログラムは？

A センター方式

ケアプラン作成のためのアセスメント（情報収集表）として、「センター方式」を使う施設が増えている。センター方式とは、本人・家族・ケア関係者が共通シートを使って、やれることを一緒に考え、ケアサービスをよりよくしていこうというもので、一六枚のケアマネジメントシートからなるアセスメントのこと。一六枚のシートは、ケア関係者が本人をつぶさに観察してシートに書き込むのを基本としている（実際にシートについては、次のホームページを参照。http://itsu-doko.net/）。

センター方式の特徴は、本人の言葉をそのまま書くということ。その言葉を発した時の場面や表情をそのまま記入することで、言葉の裏にある本当の気持ちが推察できる。認知症は失われた機能もあるが、保たれている機能もある。そこに気づいて活かすようなケアにつなげることがセンター方式の大きなねらいでもある。

バリデーション

認知症の方とコミュニケーションをとりやすくする方法として、「バリデーション」が注目されている。本人の尊厳を損なわず、ストレスや不安を取り除き安心して過ごせ、また家族も本人とコミュニケーションがとれるようになり、両者のフラストレーションが緩和される効果がある。バリデーションのテクニックの一部として次のようなことがある。

・相手と同じ目の高さで見つめると、安心感をもつようになる。
・つじつまの合わない言葉でも否定せず、共感をもって相手の言葉を繰り返すことで、自分の言うことを聞いてくれたと感じるようになる。
・昔の思い出を話すことで、感情的に落ち着くことがある。
・はっきりとした低いやさしい言葉で話すと安心する。

（日本バリデーション協会：http://www.clc-japan.com/validation/）

Q 介護で重要なケアってどんなこと？

A

口腔ケア

口腔内には多種多様の細菌が棲んでいる。病気や加齢で飲み込む機能や咳をする力が弱くなると、細菌や逆流した胃液が誤って気管に入りやすくなる。それによって発症するのが誤嚥《ごえん》性肺炎。寝ている間に発症することも多く、高齢者では命にかかわるケースも少なくない。

これを防ぐ意味でも、歯や粘膜の清掃をしっかり行い、同時に摂食嚥下《えんげ》機能を高めることで、誤嚥性肺炎を予防できるようになる。ケア以外にも話をしたり、口を動かして筋力をつけておきたい。

便秘対策

排便障害は便秘、下痢、便失禁などに分けることができる。

便秘は、結腸性（弛緩性）便秘と直腸性便秘に分類して理解すればケアがしやすくなる。常習性便秘のほとんどが結腸性便秘である。結腸の緊張がゆるんで蠕動《ぜんどう》運動が弱まるために便を十分に押し出せず便秘となる。また直腸性便秘は、糞便が直腸内に送られても正常な排便反射が起こらず、直腸内に糞便が停滞する便秘。排便を我慢したり、浣腸の乱用によって直腸の神経が鈍った人に多くみられる。

結腸性便秘の対策として、適度な運動と食物繊維の多い食事をとること。食物繊維は不溶性と水溶性のものがあり、不溶性の食物繊維は腸の通過が速くなるが、水溶性の食物繊維は腸の通過が遅くなるので、不溶性の食物繊維を選びたい。具体的には、いんげん豆（ゆで）、ひよこ豆（ゆで）、おから、小豆（ゆで）、しその実、栗、えんどう豆（ゆで）、よもぎなど。

結腸性便秘の対策として、朝食を十分に摂り、朝のトイレを習慣とする。朝食を十分に摂ると、胃結腸反射（胃大腸反射）が起こり、大腸は反射的に直腸へ便を送り出そうとする。特に空腹時に反射が強いため、朝食の時がもっとも排便のチャンスとなる。

排便に効果のあること

①毎朝起床時に水や牛乳を飲む
②お腹のマッサージ（タオルをお腹に当ててマッサージするとよい）
③繊維質の多い野菜を食べる

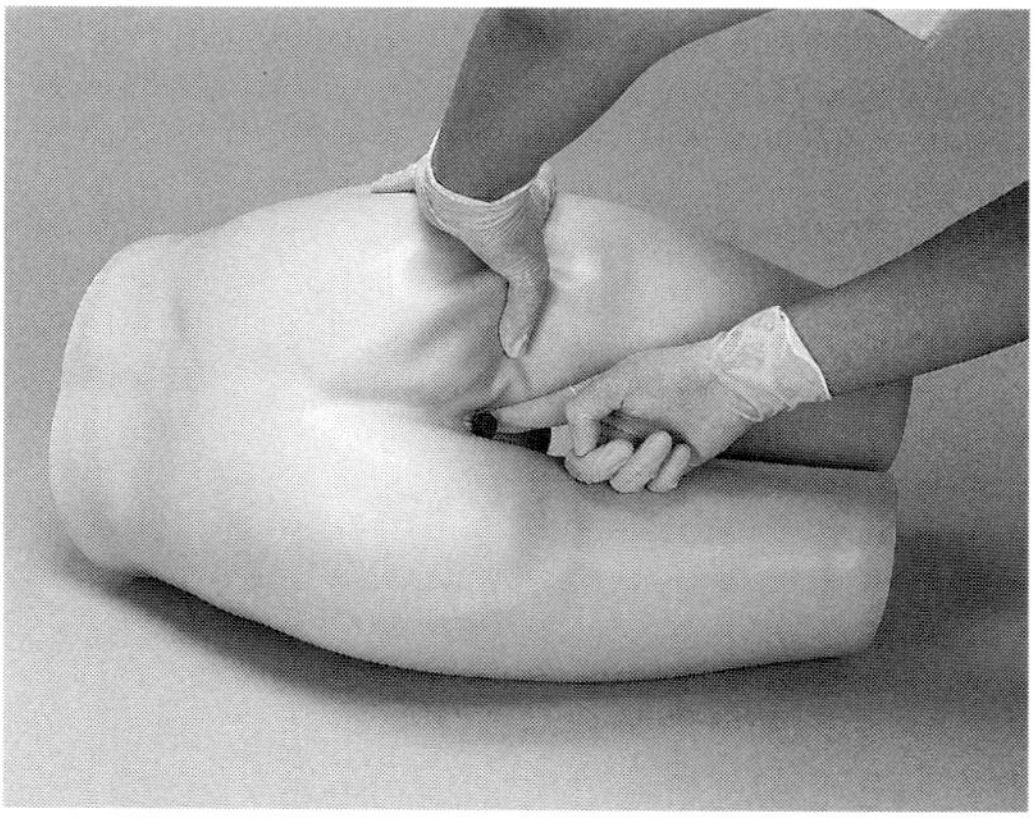

摘便モデル◎生体モデルを使うと、摘便の手技が生体に近い感触で演習でき、指導者が術者の手技を見ながら的確に指導できる。おもに寝たきりの患者、または高齢者が自力排便しにくい状態を想定し、直腸内にセットした模擬便を指の挿入により摘出する。なお摘便は通常、資格をもった看護師や介護士などが行う行為である。写真も介護職の技術習得のために開発されたモデル。

写真提供：（株）高研　http://www.kokenmpc.co.jp/index.html

④水分を多めにとる

運動や食事などで腸を正常にして排便させるのが理想であるが、それでも無理という場合や、寝たきりでスムーズに排便できない人には、摘便という方法がとられることもある。

摘便は通常、家族が家族に施す場合以外は、資格をもった看護師などが行う行為で、家庭では訪問看護サービスを利用することで、摘便を行ってもらえる。市町村の障害者福祉課、福祉事務所等へ相談するとよい。摘便時は施行者の指先に、キシロカインゼリーなどの局所麻酔薬を塗って行ったほうが、痛みも少なくて済む。

認知症患者の中にはちょっとしたことで怒り出したり、叩くなどの攻撃的行動をみせることもあり、その原因が便秘ということも少なくない。排便をし終えたとたんに、落ち着いた状態に戻るといったことも数多くある。

おもに寝たきりの患者、または高齢者が自力で排便しにくい状態を想定し、直腸内にセットした模擬便を指の挿入により摘出する摘便の演習ができる生態モデルがある。腸内に付属の模擬便をあらかじめセットし、それを手技により肛門から摘出する。

褥瘡・床ずれ

長期間ベッドに寝ていると、褥瘡《じょくそう》になりやすい。褥瘡とは、いわゆる「床ずれ」である。褥瘡は、骨と皮膚との間に加重がかかりやすいところで、仙骨部（おしりの中心）、坐骨部（座ったときにあたるおしりの両脇）、大転子部（横になるときにあたる腰の部分）などで多く見られる。長時間、圧力が加わると血行が悪くなり、皮下組織が痛むことで褥瘡となる。

褥瘡は皮膚に穴があくので、ばい菌も入りやすくなる。褥瘡ができてしまったら素人判断をせずに、医師、看護師等へ相談するようにしたい。

褥瘡防止として、つぎのようなことが考えられる。

①寝具にエアマットを採用し、体位交換をこまめに行う

②栄養価の高い食事をとる

③入浴、清拭をよく行い清潔を保つ
④オムツは長時間ぬれたままにしない
⑤体を移動させる時は体を浮かせるようにし、ひきずらない

Q 介護者を助けてくれる専門職はどんな職種？

A

看護師

看護師は、病気の人に対する療養上の世話、診療の補助をする。施設では入居者の健康管理、薬の管理、処置など医療的な対応をすることができる。

介護士

正式には介護福祉士が正しい呼び方。おもにホームヘルパー二級を取得し三年以上の実務経験を経て国家試験に合格した場合に与えられる資格。入浴、排泄、食事、その他の介護を行い、介護者に対して介護に関する指導を行うことを業務とし、ホームヘルパーの指導も行う。働く場所としては、老人ホームや病院などの福祉関連施設のほか、民間事業者

のヘルパーとして利用者の居宅（在宅ヘルパー）で活躍する介護福祉士も多い。
介護士と看護師では法律で定められた業務が異なる。介護施設では看護師の業務はおもに健康管理で、介護士は日常生活の介助がおもな業務。注射や投薬をする医療行為は介護士には許可されていない。

ホームヘルパー

日常生活に支障のある高齢者や障害者の家庭に訪問し、掃除、洗濯、買い物といった家事や、入浴、食事、排泄の世話などの介護を行う。また、本人や家族の生活上の相談にのるなど、生活全般をサポートする。働く場所としては、基本的には在宅介護のサポートがおもな業務とされ、利用者の居宅（在宅ヘルパー）や訪問入浴サービスなどが多い。現状としては、施設（施設ヘルパー）、病院（院内ヘルパー）などで活躍するホームヘルパーも多くいる。

ケアマネージャー（介護支援専門員）

介護の必要な人からの相談に応じ、必要に応じ適切な在宅サービス、または施設サービスを利用できるよう市町村、事業者、施設等との連絡調整等を行うことがおもな業務。指

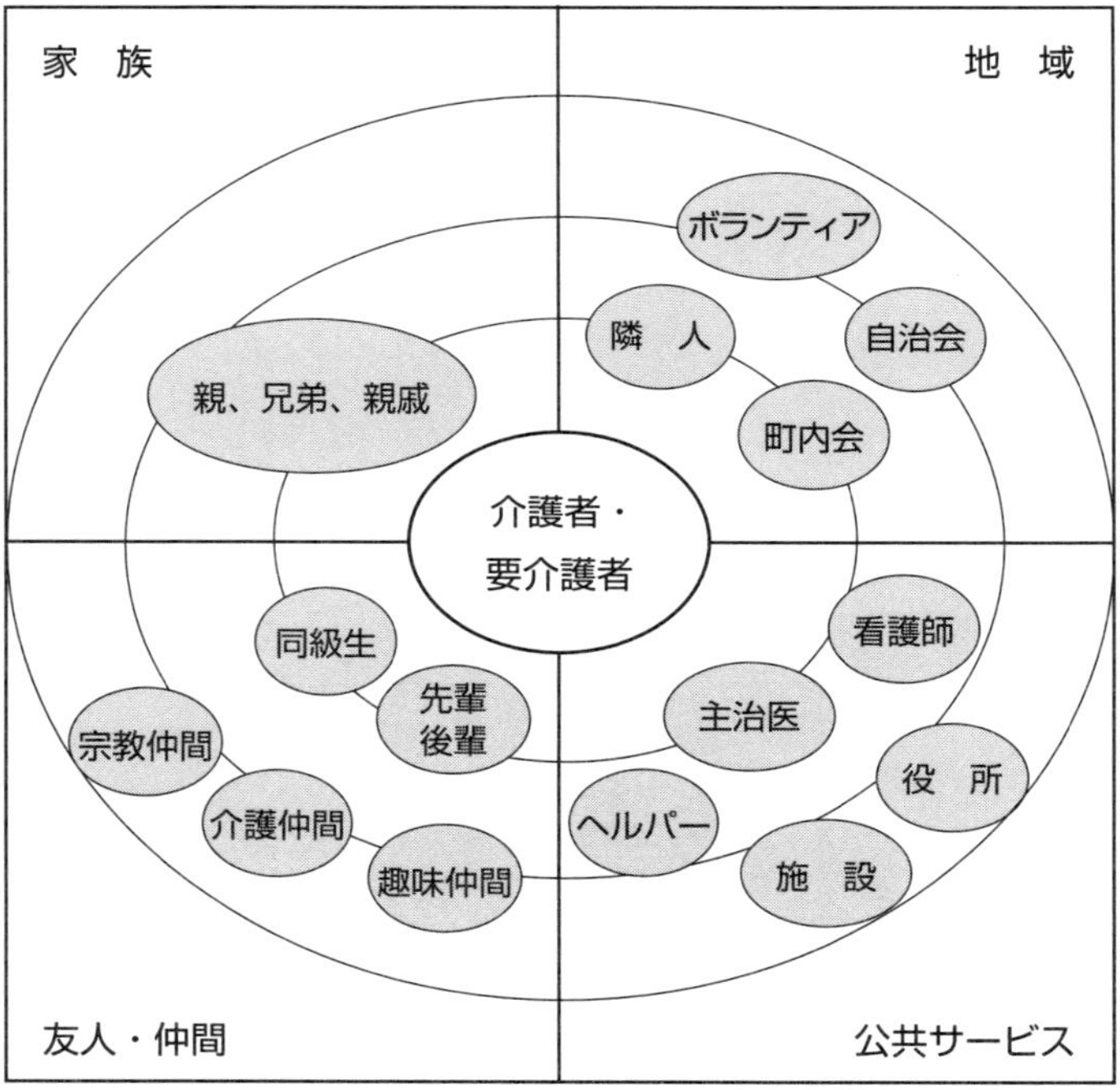

円の内側ほど、介護者・要介護者に近い関係にある。自分のまわりにどんな支援者がいるか、あるいは自分が理想とする支援者の図を作成してみたい。

図 12　介護者・要介護者を支援する人とサービス

定介護支援サービス事業者や介護保険施設には必要とされ、介護サービス計画を作成したり、事業者、施設等との連絡調整を行う。

◎自分の応援者をつくろう

介護はひとりでがんばるよりも、専門家や経験者と相談しながら行うほうが、負担が軽くなり、介護される人もきちんとした対応が可能となる。図12は、介護者の身のまわりにいる応援者を示している。何かあれば、すぐに連絡ができるよう日頃から関係を保つようにしておきたい。

Q 認知症患者を受け入れている施設は？

A

特養＝介護老人福祉施設（特別養護老人ホーム）

在宅生活が困難と思われる人が入所し、介護を中心にサービスを受けられる施設。医師や看護師を配置しないところも多い。看取りやターミナルケア（終末医療）を実践しているところもある。リハビリは施設の方針で導入はいろいろ。

老健＝介護老人保健施設

老健はリハビリをして、在宅復帰を目指す施設。医師や看護師の配置が多い。長期入所は原則的に難しく、治療が必要となったら適切な医療機関へ退所しなければならない。リハビリが目的なので、病状が不安定な人は継続して入所できない。

グループホーム

認知症患者が少人数で共同生活を送り（居室はすべて個室）、日常生活を送ることができるよう支援する施設。要介護認定一～五の人は、介護保険の給付（自己負担額一割）が受けられる。医療や家族と相談して看取りをしているところもある。ただし、胃ろうなどを施している人は、入所が難しいとされる。

Q 介護保険で非該当（自立）と認定されたら？

A 要介護認定で「非該当」と認定された場合でも、市町村が独自の高齢者福祉サービスを行っているので、そちらを利用してみたい。サービスの内容としては、配食サービス、移送サービス、家事援助などがある。市町村で異なるため、調べておくとよいだろう。

役所以外でも、社会福祉協議会や福祉公社、民間のボランティア団体、生協などにおいて家事援助などを行っている場合がある。

各市町村では、身体の機能を維持・向上させることを目的に、さまざまな介護予防事業が実施されている。市町村によって内容は違うが、具体的には次のようなサービスがある。

生きがい活動支援通所事業（デイサービス）　家に閉じこもりがちな高齢者に対し、日常動作訓練から趣味活動や生きがい活動、スポーツ活動などの支援を行う。

生活管理指導員派遣事業　日常生活に支障がある方に、生活管理指導員（ホームヘルパーなど）が訪問して、日常生活や家事等に対する支援や指導を行う。

軽度生活援助事業　軽易な日常生活上の支援を必要とする方に、掃除、洗濯、調理、買い物等の家事援助を行い、要介護状態への進行防止を図る。

生活管理指導短期宿泊事業　社会適応力に不安がある人を施設で短期間あずかり、日常生活に対する指導や支援を行い、基本的な生活習慣が確立できるよう援助する。

老人クラブ　老後の生活を健全で豊かなものにするため、会員によって自主的に運営されている組織。老人クラブの活動はレクリエーション、教養講座、社会奉仕活動など。

あとがき

これまで、日本では介護するのは女性であり、夫の両親を自宅で看るということが当然のように行われてきました。しかし、核家族化が進んだ現代では、妻が疾患した場合、夫が介護するのは自然の成り行きでもあります。

介護されることはあっても、妻や親を介護するという意識はほとんどないまま、ある日、突然、介護する必要に迫られる。ほとんどパニック状態という人もいるでしょう。

本書では、認知症の妻や親を在宅で介護する男性介護者を対象に取材してきました。実際に会うことで、その表情から日々の心労の度合いも測り知ることができます。明るく笑って話す人、うつむき気味の人、淡々と語る人……まさに十人十色、それぞれまったく異なる荷を背負っていることがわかります。

取材した介護者のほとんどが五年以上介護し続けている方で、なかには二〇年以上という長きにわたる方もいます。介護は先が見えないだけに、いかに日々の負担を軽減するかが大切になります。

本書の目的はこうした心の負担を軽減する方法を、読者に身につけてもらうことであり、そのヒントを提供したいということであります。著者自身もまた介護をする身であることから、そんなヒントを自らの問題として模索し取材してきました。

いつか冷静になれる時がくるはずだと信じているのですが、そうやすやすとはいかないのが現実でもあります。

男性介護者の中には、寝たきりの妻や母を看ている人もいます。寝たきりになると問題行動を起こさない分、精神的には楽という人が多くいますが、健康な時にやさしくできるような方法を身につけてほしい、と強く思うのは私だけではないでしょう。

ある人が私に、「介護を美談にしないでほしい」と言いました。介護はカッコいいことでも、カッコ悪いことでもない。それはどこにでも、誰にでも起こる普通のこと。今は介護と無縁でも、やがて介護者となり、要介護者となる可能性があるのです。

約二〇〇万人という数の認知症の方がいることを思うと、それは特別な病気ではないと思わざるをえません。六五歳以下の若年性認知症も増えていると言われており、他人事ではもはやなくなりつつあるのです。

戦争には凄惨な話もありますが、美談もたくさんあります。それはおそらく過去の特別な出来事であるがため、自らの問題とは切り離して考えているからだと思います。しかし、介護は誰もが経験する可能性があり、一時的な出来事では決してありません。

なかには介護を避け、施設に入れるという人もいるでしょう。あるいは自ら進んで施設に入る人もいます。しかし、取材から見えてきたのは、男性介護者の多くは親や妻を施設に入れるのは何年かの介護の後か、できれば家で看取りたいといった人たちでした。特に妻を看ている男性介護者にはそれが強くあらわれているように思います。妻を介護することで、妻に対する愛情が増したという人もいました。

介護はある意味、自分を成長させてくれるものでもあると言えます。そんなことも気付かせてくれるのが本書に登場する男性介護者たちです。

このまま要介護者が増えていけば、介護保険制度の財源が思うように賄いきれないという状況に陥るかもしれません。そうなれば、ますます在宅での介護に頼らざるをえなくなるでしょう。

何度も言いますが、介護は特別なことではなく、どこにでも誰にでも起きる問題です。避けるのではなく、どうすれば不安や負担を軽減して愛する妻や親と仲良く暮らしていけるかを考える時期が訪れているのです。
本書がそうした男性介護者の役に立つことができれば、これ以上の喜びはありません。最後になりましたが、この場を借りて取材させていただいた、すべての方にあらためて感謝を申し上げます。

中村和仁

著者紹介

中村和仁（なかむら　かずひと）

1959年熊本県生まれ。

ITメーカー、広告代理店、出版社などを経て、フリーのライターとして活動中。主に住宅系、環境系、ライフスタイル系の編集・ライティングが多い。介護については一生のテーマとして考えている。現在は認知症の母親を介護して、戸惑い、怒り、理解するの繰り返しだが、いつかは自分が介護される側に立つかもしれないと考え、行動や意識を変えようと努めている。まさに介護は人生修行そのものだ。

そのほかに街づくりや環境に関する執筆も多い。街づくりではそれに関わる事業や活動、人に興味を抱く。たとえば昔の寺町や小さな個人商店の集まる商店街のような、高齢者が孤独を感じず、安心して暮らせる仕組みをもっと議論して行うべきだと考えている（たんなる美しい街づくりはうんざり）。そのほか都心の河川の再生に関わる活動家との交流も続けている。

男の介護——認知症介護で困っているあなたに

2010年11月1日　第1版第1刷発行

著　者＝中村和仁
発　行＝株式会社　新　泉　社
東京都文京区本郷2-5-12
振替・00170-4-160936番　TEL 03(3815)1662／FAX 03(3815)1422
印刷／美研プリンティング　製本／榎本製本

ISBN978-4-7877-1019-2　C0036

60歳からの漢方

蓮村幸兌著　Ａ５判・三九二ページ・三五〇〇円＋税

老人ホームの診療室で漢方治療に携わる著者が、食欲不振・便秘・排尿異常・不眠など、年とともにあらわれるからだの不調・症状を漢方薬で改善する方法を豊富な事例で紹介。

気功療法実践

劉貴珍著／李敬烈訳　四六判上製・二六〇ページ・二五〇〇円＋税

中国で最初の気功療養院の院長であり医療気功の開拓者の一人である著者が、長年の臨床経験にもとづき、気功療法の基本とその特徴、病気ごとの「功法」のプログラムを示す。

湯浅誠が語る「現代の貧困」

湯浅誠著、金子勝（対談）　Ａ５判・一二〇ページ・一〇〇〇円＋税

働いても苦しい生活を強いられ、明日の希望を見出せない社会をまっとうにするために、私たちに何ができるのか。湯浅誠氏が語りかけ、金子勝氏との対談で論点をえぐり出す。